PREOCÚPATE MENOS Y ORA MÁS

Jona 365-123   AID ←

PREOCÚPATE MENOS Y ORA MÁS

Una guía devocional para la mujer para
vivir sin ansiedad

BARBOUR
ESPAÑOL
Un Sello de Barbour Publishing

© 2021 por Barbour Publishing.

ISBN 978–1–64352–783–3

Título en inglés: *Worry Less, Pray More: A Woman's Devotional Guide to Anxiety-Free Living.*
© 2019 por Barbour Publishing, Inc.

Desarrollo editorial: Semantics, Inc. Semantics01@comcast.net

Publicado por Barbour Español, un sello de Barbour Publishing, Inc., 1810 Barbour Drive, Uhrichsville, Ohio 44683

Nuestra misión es inspirar al mundo con el mensaje transformador de la Biblia.

Member of the
Evangelical Christian
Publishers Association

Impreso en Estados Unidos de América.

INTRODUCCIÓN

Cuando contemplamos nuestros problemas desde nuestra perspectiva, nos llenamos de temor y ansiedad porque parecen infranqueables. Por eso necesitamos entregárselos a Dios. Sabemos que él tiene todo el poder, la fuerza y la sabiduría para encargarse de esas preocupaciones por nosotras. Él encontrará una solución que a nosotras no se nos había ocurrido. Él transformará nuestra situación en algo positivo.

Para que recordemos que debemos preocuparnos menos y orar más, el apóstol Pablo escribió:

> *No se aflijan por nada, sino preséntenselo todo a Dios*
> *en oración; pídanle, y denle gracias también. Así Dios les dará*
> *su paz, que es más grande de lo que el hombre puede entender;*
> *y esta paz cuidará sus corazones y sus pensamientos*
> *por medio de Cristo Jesús.*
> FILIPENSES 4.6–7 DHH

En este libro, la mujer de hoy encontrará 180 lecturas y pasajes de las Escrituras que le servirán para vivir una vida libre de preocupaciones mientras desarrolla su poder de oración al aprender a confiarle sus preocupaciones al Maestro que resuelve los problemas.

Entra aquí para encontrar tu camino hacia la paz de Dios y su generosa bendición...

SEGURIDAD LAS 24 HORAS DEL DÍA

¿De dónde ha de venir mi ayuda? Mi ayuda proviene del
Señor, creador del cielo y de la tierra… El Señor te protegerá;
de todo mal protegerá tu vida. El Señor te cuidará en el
hogar y en el camino, desde ahora y para siempre.
Salmos 121.1–2, 7–8 nvi

Imagina tener un guardaespaldas contigo las veinticuatro horas del día. Uno que es todopoderoso, omnisciente. Puede ver el futuro, el presente y el pasado. Nunca duerme ni descansa. Te tapa el sol para que no se te queme la piel durante el día y evita que las sombras de la luna te hagan tropezar por la noche. Agarra fuertemente tu mano mientras caminas, protegiéndote de todo daño.

Tienes un guardaespaldas. Se llama Dios. Él es toda la ayuda y protección que necesitas. Entonces, ¿por qué te preocupas? Con el Creador del universo protegiéndote, rodeándote con su magnífica presencia y su poder, nada puede tocarte, ni en el cielo ni en la tierra.

. . . .

Descanso en paz, Señor, sabiendo que siempre estás conmigo,
protegiéndome de todo mal. ¡Gracias por tu
supervisión y protección!

CULTIVAR LA CALMA

Al contrario, estoy callado y tranquilo, como un niño recién
amamantado que está en brazos de su madre.
¡Soy como un niño recién amamantado!
SALMOS 131.2 DHH

El salmo 131 fue escrito por el rey David, que se preparó para confiar en Dios, para poner todas las cosas en sus
manos. David veía a Dios como una fuerza estable, siempre
presente y eficaz para el bien y la verdad en su vida.

Por eso David pudo decir: «Solo en Dios halla descanso mi
alma» (Salmos 62.1 NVI). No buscó ninguna otra influencia ex-
terna, ni personas, ni fuertes caballos, ni herramientas, ni armas,
ni dinero, para ser rescatado. Para afirmar eso en su interior, le
decía a su alma: «Solo en Dios halla descanso mi alma; de él viene
mi esperanza. Solo él es mi roca y mi salvación; él es mi protector
y no habré de caer» (Salmos 62.5–6 NVI).

Tú también puedes cultivar un corazón tranquilo y un
alma en calma haciendo que Dios sea tu única roca y fortaleza. Ora a Dios y recuerda que solo él puede y quiere encargarse de todo lo que se te presente en el camino.

....

Solo tú, Señor, eres mi salvador. Cálmate, alma mía.
Conténtate, corazón mío.

DAR Y RECIBIR PLACER

Hagan efectiva su propia salvación con profunda reverencia
[...]pues Dios, según su bondadosa determinación,
es quien hace nacer en ustedes los buenos deseos
y quien los ayuda a llevarlos a cabo.
FILIPENSES 2.12–13 DHH

La preocupación puede agotar toda tu energía, consumiendo toda tu fuerza y dejándote demasiado ciega para ver las bendiciones de Dios, ¡demasiado débil para hacer lo que Dios te ha pedido que hagas!

Querida mujer, Dios no te salvó para que pudieras pasar tu vida medio entumecida. Él quiere que seas fuerte, estable y sólida. Así que cuéntale a Dios todas tus preocupaciones, todos y cada uno de tus «Y si...» imaginarios. Profundiza en tu interior, reconociendo que la presencia de Dios te da la energía y el poder de hacer que tus preocupaciones se desvanezcan. Luego abre los ojos y verás todas las tareas y bendiciones que Dios ha puesto ante ti.

Cuanto más dejes ir tus problemas y tomes el poder de Dios, más complacerás a Dios y a ti misma.

....

¡Estoy profundizando, Señor, liberando lo que hay en mi
interior y disfrutando de tu increíble energía! ¡Qué placer!

PAZ DESDE EL INTERIOR

«No tenemos por qué discutir este asunto. Nuestro Dios, a quien
adoramos, puede librarnos de las llamas del horno [...]. Pero,
aun si no lo hiciera, sepa bien Su Majestad que no adoraremos
a sus dioses ni nos arrodillaremos ante la estatua de oro».
DANIEL 3.16–18 DHH

Sadrac, Mesac y Abednego se negaron a adorar al ídolo del
rey Nabucodonosor, por lo que los amenazó con arrojarlos
a un horno. Pero los tres hombres se negaron a perder su paz.
Sabían que Dios podía rescatarlos. Y, si no lo hacía, que así
fuera.

Warren Wiersbe escribió: «Somos propensos a querer
que Dios cambie nuestras circunstancias, pero él quiere cambiar nuestro carácter. Pensamos que la paz viene del exterior
al interior, pero viene del interior al exterior».

No importa cuáles sean tus circunstancias, no dejes
que tus miedos y preocupaciones se lleven lo mejor de ti.
Mantén tu fe y tu paz. Puede que tengas que pasar por el
fuego, pero Cristo estará allí contigo, ¡y saldrás intacta (ver
Daniel 3.25–29)!

....

Señor, aquí estoy, clamando y reteniendo tu paz eterna.

BENDICIONES A LOS AMADOS DE DIOS

Si el Señor no edifica la casa, en vano trabajan los que la edifican[...]. Es en vano que os levantéis de madrugada, que os acostéis tarde, que comáis el pan de afanosa labor, pues Él da a su amado aun mientras duerme.

Salmos 127.1—2 lbla

Dios quiere que sus hijas sean de utilidad. Pero, sin la ayuda de Dios bendiciendo tu trabajo o ministerio, no solo todos tus esfuerzos serán en vano, sino que te encontrarás agotada, comiendo el «pan de afanosa [ansiosa] labor», trabajando y levantándote de madrugada.

Para vivir y obrar una vida sin preocupaciones, pregúntale a Dios cómo quiere que uses los dones con los que has sido bendecida. Luego ve a donde él te lleva, asumiendo el trabajo o el ministerio hacia el que te dirige.

Una vez que estés en el lugar que Dios ha provisto, invítale a cada momento de tu día de trabajo. Pon en sus manos tus esfuerzos y el resultado de los mismos. Entonces tendrás la paz y el descanso que Dios está tan dispuesto y capacitado para dar a quienes ama.

....

Descanso en ti, Señor, mi proveedor, mi amor.

NADA DEMASIADO DIFÍCIL PARA DIOS

*¡Ah, Señor Dios! He aquí, tú hiciste los cielos y la tierra
con tu gran poder y con tu brazo extendido;
nada es imposible para ti.*
JEREMÍAS 32.17 LBLA

A veces, las numerosas cosas que van bien en tu vida y tu mundo están ensombrecidas por esa única cosa que va mal. Empiezas a cuestionarte si Dios tiene el poder o el conocimiento para cambiar las cosas para mejor o para sacarte de cualquier lío en el que estés.

Ahí es cuando necesitas empezar a concentrarte en las cosas correctas. Confía en que, junto con todo lo maravilloso que Dios ha hecho, está haciendo y hará, convertirá cualquier contratiempo, error u oscuridad en algo correcto y luminoso.

Como ves, no hay nada demasiado difícil para Dios. Él puede hacer cualquier cosa, así que no te asustes. Simplemente ora y deja que todo quede en las poderosas manos de Dios.

....

*Gracias, Dios, por recordarme que nada
es demasiado difícil para ti. Te lo dejo todo a ti,
sabiendo que tú arreglarás las cosas.*

JAMÁS CONMOVIDA

Los que confían en el SEÑOR son como el monte Sión, que jamás
será conmovido, que permanecerá para siempre.
Como rodean las colinas a Jerusalén, así rodea el SEÑOR
a su pueblo, desde ahora y para siempre.
SALMOS 125.1–2 NVI

A veces, la preocupación puede llevar a que literalmente tiembles de miedo, pero Dios quiere que sepas que, si confías en él, *jamás* serás conmovida. Puedes mantenerte firme, apoyándote en su poder, confiando en que él tiene una solución, una que ni siquiera has pensado, o, mejor aún, que él ya se ocupa de las cosas por ti.

Cuando pones toda tu confianza, esperanza y seguridad en el Dios que *creó* las montañas, empiezas a sentir su impresionante presencia a tu alrededor. Empiezas a recordar todas las cosas que él ha hecho por ti y por todos los demás que se fueron antes que tú. Sabiendo esto, ya no necesitas dar pasos temblorosos, sino caminar con seguridad y poner tus pies sobre las montañas más altas (ver Salmos 18.33).

....

Confío en ti, Señor. Al hacerlo siento cómo me envuelven tu
poder y presencia, y eso me permite caminar con fortaleza en ti.

UNA CUESTIÓN DE RUTINA

«Ya no se preocupen por lo que van a comer, o lo que van a
beber, o por la ropa que se van a poner [...]. Ustedes tienen
como padre a Dios que está en el cielo, y él sabe lo que ustedes
necesitan. Lo más importante es que reconozcan a Dios como
único rey, y que hagan lo que él les pide. Dios les dará a su
tiempo todo lo que necesiten».

MATEO 6.31–33 TLA

El apóstol Pablo, el autor de Filipenses, no fue el primero a
quien se le ocurrió la idea de orar en lugar de preocuparse
(véase Filipenses 4.6–7). ¡El primero fue Jesús!

Primero, Jesús enseñó a sus seguidores a orar. Luego les
dijo: «Por eso os digo, no os preocupéis por vuestra vida»
(Mateo 6.25 LBLA). No te preocupes por lo que vas a comer,
beber o vestir, porque de esa manera no mejorarás las cosas.
Además, tu Dios *sabe* lo que necesitas.

Tu deber es buscar a Dios más que a nada ni a nadie,
sabiendo y confiando en que simplemente con pedir *recibirás*.

....

Ayúdame, Señor, a encontrar una manera de poner mis
preocupaciones en tus manos, sabiendo que encontrarás
una solución cuando yo no la vea.

UNA ESTUDIANTE DE LA ORACIÓN

Estando Jesús orando en cierto lugar, cuando terminó, le dijo
uno de sus discípulos: Señor, enséñanos a orar [...]. Y Él les dijo:
Cuando oréis, decid: «Padre, santificado sea tu nombre.
Venga tu reino».
LUCAS 11.1–2 LBLA

Los discípulos habían sido testigos del poder, el gozo y la
sabiduría que Jesús desplegaba en su presencia. También
lo habían visto irse solo a orar. Así que le pidieron: «Señor,
enséñanos a orar».

El ejemplo de Jesús y sus discípulos nos enseñan que la
oración es el antídoto para las preocupaciones. Porque, cuanto más fuerte seas en la oración, menos pesarán tus preocupaciones.

Hoy, acude a Jesús como una estudiante dispuesta y digna. Pídele que te enseñe cómo reducir tus preocupaciones
y edificar tu fe mientras aprendes a orar con poder. Empieza con lo básico. Haz esta «Oración de los discípulos» (ver
Lucas 11.2–4), sabiendo que Abba Dios anhela escuchar lo
que tienes que decir.

....

Abba Dios, escucha mi oración.
«Padre nuestro que estás en el cielo...».

ESE LUGAR SECRETO

Pero tú, cuando ores, entra en tu aposento, y cuando hayas cerrado la puerta, ora a tu Padre que está en secreto, y tu Padre, que ve en lo secreto, te recompensará.
MATEO 6.6 LBLA

Las mujeres que viven en el mundo de hoy están muy ocupadas, y es probable que tú no seas la excepción. Hay niños que subir al autobús, calcetines que encontrar para el marido, correos electrónicos que enviar, proyectos que terminar, comidas que planificar, nietos que ver, lecciones de escuela dominical que revisar, perros que pasear y noticias para ponerse al día. Pero, para estar lo suficientemente concentrada para hacer todas estas cosas bien, tienes que descargarte de parte del lío que abarrota tu mente.

Jesús te dice que te apartes del mundo exterior y de los pensamientos interiores para encontrar ese lugar secreto que está abierto solo para ti, donde puedes tener una charla de espíritu a espíritu con Dios, alejándote del mundo y encerrándote con él.

Encuentra ese lugar y encontrarás tu recompensa: ¡la concentración y la paz!

Padre, ayúdame a encontrar ese lugar secreto donde solo estemos tú y yo.

DEJÁRLE LOS DETALLES A DIOS

Ezequías tomó la carta de mano de los mensajeros y la leyó.
Luego subió al templo del Señor, la desplegó
delante del Señor, y en su presencia oró...
2 Reyes 19.14–15 nvi

Ezequías era el rey de Judá. Aquí leemos que recibió cartas llenas de amenazas de ataques por parte de Senaquerib de Asiria. Después de leer las cartas, Ezequías no se asustó, sino que fue al templo del Señor. Allí desplegó los mensajes amenazadores ante el Señor y oró, reconoció que Dios es el Gobernante supremo y Creador del cielo y la tierra. Le pidió a Dios que lo escuchara, que abriera sus oídos y escuchara el mensaje de Senaquerib, y que viniera a rescatar a su pueblo. Y Dios lo hizo.

Cuando tengas un problema grave, no entres en pánico. Ve a Dios, y luego pon todos los detalles ante él. Pídele que te rescate. Y él lo hará.

....

Señor de todas las cosas, esto es lo que está pasando...
Estoy dispuesta a no entrar en pánico, sino a acudir a ti,
porque solo en ti encontraré ayuda.

PENSAMIENTOS VALIOSOS

Por último, hermanos, consideren bien todo lo verdadero,
todo lo respetable, todo lo justo, todo lo puro, todo lo amable,
todo lo digno de admiración...
FILIPENSES 4.8 NVI

Es fácil quedarse atrapada en las malas noticias que nos rodean: los informes y rumores de guerras, balaceras en escuelas, abuso de niños y cónyuges, drogadicción, crimen, terrorismo y conflictos políticos, por nombrar solo algunos. Es suficiente para que nunca salgas de debajo de las sábanas. O eso o te encuentras siempre preocupada por personas y situaciones sobre las que no tienes ningún control o muy poco. Sin embargo, no puedes evitar preocuparte.

Por tanto, lleva esas noticias a Dios. Pídele que esté presente en la situación, que ayude a las víctimas, que haga justicia. Luego deja todo en sus manos, sabiendo que puede encargarse de todo. Luego busca algunas historias *buenas*... ¡están ahí! Y enfócate en *esas* cosas, que son buenas, honorables y loables, alabando a Dios en el proceso.

....

Una vez que te entregue mis preocupaciones, Señor,
ayúdame a fijar mis pensamientos en aquellas cosas
que merecen mi atención y alabanza. Amén.

TRIPLE TRANQUILIZACIÓN

*Tú conoces todas mis acciones; aun de lejos te das cuenta
de lo que pienso [...]. Por todos lados me has rodeado;
tienes puesta tu mano sobre mí. Sabiduría tan admirable
está fuera de mi alcance; ¡es tan alta
que no alcanzo a comprenderla!*
SALMOS 139.2, 5–6 DHH

La gente va y viene de tu vida, pero hay un tres en uno que
permanece: Dios, Jesús y el Espíritu Santo.

Dondequiera que vayas, Dios te ve. Lo que sea que estés
haciendo, Jesús está familiarizado con ello. Cualquier consuelo que necesites, el Espíritu está ahí, dándotelo. Cuando crees
estas cosas, cuando tienes fe en la presencia de Dios siempre
contigo, ante ti y tras de ti, todas las preocupaciones se desvanecen. Dios es tu protector y quien te tranquiliza, Jesús es tu
amigo eterno y el Espíritu es tu dispuesto ayudador.

No te preocupes. Ora a estos tres poderes sobrenaturales
que están listos, dispuestos y capacitados para ayudarte en el
camino.

....

*Mis preocupaciones se desvanecen, Señor,
y se desvanecen en la nada cuando reconozco
tu presencia, el amor de Jesús y el poder del Espíritu.
Quédate conmigo ahora.*

EL QUE CONSUELA

«Yo, sí, yo soy quien te consuela.
Entonces, ¿por qué les temes a simples seres humanos
que se marchitan como la hierba y desaparecen?».
ISAÍAS 51.12 NTV

Dios te entiende como nadie. Conoce tus preocupaciones, miedos, esperanzas, sueños y pasiones. Él ve lo que está pasando en tu vida. Por eso Dios Padre quiere satisfacerte, a ti su hija, con la seguridad de que él es el único que puede consolarte y te consuela. Él es todopoderoso y eterno, a diferencia de los seres humanos, que un día se desvanecerán, se marchitarán como la hierba y se convertirán en nada.

Así que, cuando estés preocupada o asustada por lo que alguna persona pueda decir o hacer, acércate a «quien te consuela» como nadie. Apóyate en Dios, en su poder, sus promesas y su protección. Recuerda quién es él y el consuelo que él y su presencia proveen. Deja que su amor y su luz se derramen sobre ti mientras oras.

Abba Dios, derrama tu amor, luz y protección sobre mí.
En ti encuentro el consuelo que disuelve
todos los miedos y preocupaciones.

CONFIAR EN EL PLANIFICADOR MAESTRO

Dichoso el que pone su confianza en el SEÑOR y no recurre a los
idólatras ni a los que adoran dioses falsos.
Muchas son, SEÑOR mi Dios, las maravillas
que tú has hecho. No es posible enumerar tus bondades
en favor nuestro. Si quisiera anunciarlas y proclamarlas,
serían más de lo que puedo contar.
SALMOS 40.4–5 NVI

Has hecho algunos planes, pero parece que las cosas tardan una eternidad en encajar. Empiezas a escuchar a los demás, te encuentras con la tentación de seguir sus consejos. Antes de darte cuenta, te preocupas, te retuerces las manos, te preguntas si deberías tomar otro camino o abandonar tus planes por completo.

Si no estás segura de que estás en el camino correcto, comparte tus preocupaciones con el Planificador Maestro. Deposita toda tu confianza en él, apoyándote en su sabiduría, porque ya ha hecho cosas maravillosas en tu vida. Si tus planes están en sintonía con su voluntad y su Palabra, puedes descansar tranquila. Él te dará la paciencia y la paz que necesitas para ver las cosas bien, en su tiempo y su voluntad.

....

Tienes muchos planes maravillosos para mí, Señor.
Confío en que me ayudarás a llevarlos a cabo.

DENTRO DEL CÍRCULO DE PROTECCIÓN

Recurrí al Señor, y él me contestó, y me libró de todos mis
temores [...]. Este pobre gritó, y el Señor lo oyó
y lo libró de todas sus angustias.
El ángel del Señor protege y salva
a los que honran al Señor.
SALMOS 34.4, 6–7 DHH

Cuando estás abrumada por la ansiedad, Dios está listo para encontrarse contigo más cerca de donde tú estás. Lo único que necesitas es clamar a él; decirle todo lo que tienes en mente, todos tus miedos, preocupaciones y problemas. Recurre a él (Salmos 34.5 DHH). Aunque Dios sabe a qué le temes y qué te preocupa, y todos los problemas que te rodean, quiere que los expreses, que los descargues en él, que los saques de tu sistema.

Una vez que lo hagas, Dios te rescatará y te dará su paz; su ángel establecerá un círculo protector a tu alrededor hasta que puedas volver a levantarte con fuerza. No descuides el privilegio y el beneficio de la oración. Es un salvavidas.

Esto es lo que está pasando, Señor... ¡Sálvame!

EL PADRE QUE ESCUCHA

Amo al Señor porque ha escuchado mis súplicas,
porque me ha prestado atención.
¡Toda mi vida lo invocaré!
SALMOS 116.1–2 NTV

Escuchar se ha convertido casi en un arte perdido entre los humanos. Pero hay una persona que siempre prestará atención a lo que tienes que decir: ¡Dios, un Padre sobrenatural y todopoderoso que se inclina para escuchar lo que tú, su hija, estás diciendo!

Fija con fuerza en tu mente esa imagen de Dios que se inclina hacia ti. Contémplate a ti misma como la mujer–niña que tan desesperadamente necesita que su Padre escuche todos sus males y preocupaciones. ¿Por qué como una niña? Porque «El Señor protege a los que tienen fe como de un niño» (Salmos 116.6 NTV).

Cuando pones toda tu confianza en Dios Padre, cuando le dices que crees en él y que estás muy preocupada (ver Salmos 116.10), serás liberada de las preocupaciones y él hará que tu alma «descanse nuevamente» (Salmos 116.7 NTV).

....

Señor, quiero el descanso del alma que solo tú puedes ofrecer.
Escúchame...

PIDE, BUSCA Y LLAMA

«*Pidan a Dios, y él les dará. Hablen con Dios,
y encontrarán lo que buscan. Llámenlo, y él los atenderá.
Porque el que confía en Dios recibe lo que pide, encuentra
lo que busca y, si llama, es atendido*».
MATEO 7.7–8 TLA

En estos días de sobrecarga de información, tu mente probablemente esté saturada con varios escenarios hipotéticos que te dan vueltas en la cabeza. Es probable que ni siquiera seas consciente de todas estas preocupaciones incontrolables.

Afortunadamente, tienes un Dios Padre que puede darte paz de mente, corazón, espíritu y alma. Como hija suya, tienes el privilegio de presentarte ante él en oración.

Jesús dice que, cuando le das a Dios tus preocupaciones y le pides su paz, la tendrás. Si buscas la presencia del Padre, la encontrarás. Si llamas a la puerta de su hogar y su amor, él te abrirá.

Pide, busca y llama, y serás bendecida con claridad, paz y esperanza.

*Aquí estoy, Señor, dando, pidiendo, buscando,
y llamando a la puerta. Escucha mi oración.*

NEGARTE A TI Y SEGUIR A JESÚS

Y llamando a la multitud y a sus discípulos, les dijo:
Si alguno quiere venir en pos de mí, niéguese a sí mismo,
tome su cruz, y sígame.
MARCOS 8.34 LBLA

Algunas preocupaciones son egoístas. Te preocupa que no te asciendan, que no consigas la casa que querías, que no salgas adelante en tus finanzas, etc. En este ámbito de las preocupaciones, todo gira en torno a ti. Pero Jesús quiere que te des cuenta de que realmente lo que aquí importa es él, y que, si quieres ser su discípula, debes quitarte del primer plano a ti misma y a tus intereses.

Es una tarea difícil, pero es posible y mucho más liberadora que preocupante. Cuando te vacías de tus preocupaciones, tienes más espacio para tomar lo que Dios quiere darte.

Sal de ti misma y entra en Jesús. Ya verás cómo no te arrepientes.

....

Jesús, ayúdame a concentrarme solo en ti.
¡Quiero salir de mí misma y entrar en ti!

LA PRUEBA DE LA PROMESA

Tenemos confianza en Dios, porque sabemos que si
le pedimos algo conforme a su voluntad, él nos oye.
Y así como sabemos que Dios oye nuestras oraciones,
también sabemos que ya tenemos lo que le hemos pedido.
1 JUAN 5.14–15 DHH

En Marcos 11.24, Jesús dijo que obtendrás lo que pidas si realmente crees. Tal promesa quedó demostrada con el relato de una mujer que había estado sangrando por doce años. Había ido a muchos médicos y aún no estaba bien. Al oír que Jesús se acercaba, se acercó sigilosamente a él, diciéndose a sí misma: «Si tocare solamente su manto, seré salva» (Mateo 9.21 RVR1960). Jesús la vio y le dijo: «Ten ánimo, hija; tu fe te ha salvado» (Mateo 9.22 RVR1960). ¡Y en ese instante quedó sanada!

Lleva tus preocupaciones a Dios. Hazle saber cuáles son tus deseos. Después deja todo en sus manos, confiando en que él te ha escuchado y que lo que has pedido ya es tuyo, y lo será.

....

Jesús, tú demuestras como ciertas tus promesas, así que te traigo
todas mis preocupaciones, sabiendo que lo que tú quieres
para mí ya es mío.

ESPERA LO INESPERADO

Este, cuando vio a Pedro y a Juan que iban a entrar en el
templo, les rogaba que le diesen limosna. Pedro, con Juan,
fijando en él los ojos, le dijo: Míranos. Entonces él les estuvo
atento, esperando recibir de ellos algo.
HECHOS 3.3–5 RVR1960

Cuando le llevas tus preocupaciones a Dios, es probable que también le hagas saber cómo te gustaría que se resolvieran las cosas antes de dejarlas en sus manos. En otras palabras, haces saber a Dios lo que esperas que suceda. Pero a veces lo que esperas no es lo mejor para ti.

Mira al cojo que estaba sentado fuera del templo. Esperaba que Pedro y Juan le dieran dinero. Pero le dieron otra cosa: ¡sanidad en el nombre de Jesús!

Ten la seguridad de que, cuando le entregues tus problemas a Dios, él irá más allá, hasta el núcleo de tu deseo, y descubrirá lo que realmente quieres. Espera que Dios te dé lo inesperado, lo mejor.

....

Señor, cuando te entregue mis preocupaciones,
¡ayúdame a esperar lo inesperado!

LLEGAR A SER UNA BENDICIÓN

El Señor le dijo a Abram: «Deja tu tierra, tus parientes
y la casa de tu padre, y vete a la tierra que te mostraré.
Haré de ti una nación grande, y te bendeciré; haré famoso
tu nombre, y serás una bendición».
GÉNESIS 12.1–2 NVI

Es probable que la mayoría de tus preocupaciones giren en torno a ti y a tu propia vida, y eso es normal. Pero, después de que te acerques a Dios en oración y dejes tus preocupaciones en él, él hará que dejes atrás el país de «Villa Yo» y entres en la tierra que él te mostrará, en la que gira en torno a Dios y al prójimo.

Libre de tus propias preocupaciones, ahora tienes espacio y tiempo para llevar a Dios las preocupaciones de los demás. Eres tú siguiendo a Jesús y usando el poder del reino de la oración en favor de los demás. Eres tú convirtiéndote en una bendición para los demás y para Dios, continuando el trabajo que tu Maestro comenzó.

Dios está listo, ¿y tú?

....

Tengo amigos a los que me gustaría traerte hoy, Abba.
Necesitan tu bendición.

EL PODER Y LA PAZ SON TUYOS

El Señor fortalece a su pueblo;
el Señor bendice a su pueblo con la paz.
SALMOS 29.11 NVI

Las declaraciones de este versículo son muy sencillas. Sin embargo, están llenas de poder.

Dios es el gobernante de todo. Y tú eres su hija, de «su pueblo». Así, en los días en que estés debilitada por la preocupación, puedes ir a Dios por toda la fuerza que necesites. Él te dará el poder para perseverar y prevalecer. Y, querida hija, él también te bendecirá con paz en este momento y en todos los momentos venideros...

Solo hay una advertencia. Necesitas *creer*, establecer estos hechos firmemente en tu mente para no sentirte indefensa y desviarte del camino que él ha trazado.

Así que deja tus preocupaciones en el umbral de la puerta al entrar en la presencia de Dios. Toma toda la fuerza y la paz que él siempre está esperando darte. Y sigue tu camino en su nombre y su poder.

Señor, mi Dios y Rey, vengo a tu presencia. Lléname con tu
poder y con tu paz para que pueda hacer tu voluntad.

PONTE EN PAZ CON DIOS

> *«Sométete a Dios; ponte en paz con él, y volverá a ti la*
> *prosperidad. Acepta la enseñanza que mana de su boca;*
> *¡grábate sus palabras en el corazón!».*
> JOB 22.21–22 NVI

Cuando estás atrapada en un ciclo de preocupación y ansiedad, no estás en armonía con Dios. Además, tu preocupación comienza a convertirse en una barrera entre los dos. Esto te impide recibir todo el poder, la fuerza y la paz que Dios quiere darte.

Regresa hoy a la armonía con Dios. Confía en las palabras y promesas de la carta de amor (la Biblia) que ha escrito para ti. Ingiere su sabiduría y síguela, permitiendo que tenga pleno dominio sobre tus pensamientos. No te limites a *escribir* sus palabras en tu corazón; *mantenlas* ahí para que, cuando surja la preocupación, puedas apagarla con la sabiduría de Dios. Al hacerlo, te encontrarás prosperando más de lo que nunca soñaste o imaginaste.

....

Quiero tu canción en mi corazón, Señor.
Ayúdame a dejar mis preocupaciones
y a recuperar la armonía contigo.

UNA FE QUE TE ELEVA

La congoja en el corazón del hombre lo abate;
mas la buena palabra lo alegra.
PROVERBIOS 12.25 RVR1960

L a preocupación es un peso que presiona tu corazón. Por eso el salmista escribió: «Deja tus preocupaciones al Señor, y él te mantendrá firme; nunca dejará que caiga el hombre que lo obedece» (Salmos 55.22 DHH). Por eso Jesús te dijo que no te preocupes por nada, sino que acudas a él si estás muy cargada, que él te dará el descanso que necesitas (ver Mateo 6.25; 11.28). Por eso Pedro te recuerda: «Pongan todas sus preocupaciones y ansiedades en las manos de Dios, porque él cuida de ustedes» (1 Pedro 5.7 NTV).

¿Pero dónde puede una mujer moderna conseguir esa «buena noticia» que necesita para alegrarse? En la Palabra de Dios. Encuentra un versículo, salmo o historia que le hable a tu corazón y hazlo parte de *tu* historia. Cuando lo hagas, te verás elevada hasta el Dios celestial que está esperando para recibirte.

....

Mi corazón está afligido, Señor, así que escudriño
en tu Palabra. Revélame las palabras que necesito
para elevarme hacia ti.

CONFIANZA EN DIOS

Yo sé que el Señor sostendrá la causa del afligido,
y el derecho de los pobres.
SALMOS 140.12 LBLA

Según los titulares, el mal y la violencia parecen estar en lo más alto. Escuchando todas las malas noticias que hay ahí fuera, puede que te sientas preocupada no solo por tu propia seguridad, sino por la de los demás, así como por la justicia para los afligidos. ¡Es demasiado para asimilarlo! Sin embargo, no has sido destinada ni diseñada para ocuparte de ello.

Tu único recurso es entregarle a Dios el sufrimiento y descansar en la confianza de que *él* se ocupará de todos los dañados por el mal y la violencia. Que *él* verá justicia para sus hijos. Puede que no suceda mañana, en tu vida, o en este lado del cielo, pero sucederá. En el tiempo y en la voluntad de Dios...

Mientras tanto, comiencen a elevarse hacia Dios todos los que estén preocupados, y dejen el resultado en sus manos.

....

Señor, te entrego a ti a las personas afligidas.
Sana sus corazones y tráeles justicia.

DIOS ESTÁ CERCA

El Señor está cerca de los que tienen quebrantado
el corazón; él rescata a los de espíritu destrozado.
Salmos 34.18 ntv

Los seres humanos son criaturas frágiles. Como uno de esos seres, tu corazón puede romperse, tu espíritu puede ser destrozado. Esto puede suceder después de escuchar palabras malas de alguien o sufrir la traición de una persona con la que contaste y en la que confiaste. Tal vez ocurrió tras la muerte de un ser querido. Tal vez fue la pérdida de un trabajo, una casa, un negocio, un pastor, un amigo. Sea cual sea la causa, tras un corazón roto y un espíritu destrozado viene con seguridad la preocupación. Te preguntas: *¿por qué ha pasado esto?* *¿Cómo puedo continuar a partir de aquí?*

Debes saber que, en medio de la prueba, Dios está ahí contigo. Te tiene en sus brazos. Él sanará tu corazón, restaurará tu espíritu y aliviará tu ansiedad. No necesitas decir nada más que: «Señor... ayúdame».

....

Gracias, Señor, por estar siempre ahí cuando te necesito.
Eres lo único seguro con lo que puedo contar. Tú sanarás
mi corazón, reavivarás mi espíritu y calmarás mi alma.

CREE Y MIRA

Hubiera yo desmayado, si no hubiera creído que había de ver
la bondad del Señor en la tierra de los vivientes.
Espera al Señor; esfuérzate y aliéntese tu corazón.
Sí, espera al Señor.
SALMOS 27.13–14 LBLA

El versículo de hoy te pregunta qué sería de ti si no creyeras que verás la bondad de Dios en el mundo en el que vives ahora. ¿Qué sería de ti si dejaras que tus preocupaciones y ansiedades se apoderaran de ti, aniquilando cualquier esperanza de que Dios *hará algo* y de que tú *verás* los resultados?

La Palabra de Dios te da un simple versículo a memorizar, para fortalecer tu fe y darte esperanza cuando todo parezca perdido: «Hubiera yo desmayado, si no creyese que veré la bondad de Jehová en la tierra de los vivientes» (Salmos 27.13 RVR1960). Es un simple versículo para memorizar, que fortalece tu fe y te da esperanza cuando todo parece perdido. Ponlo en tu lista de cosas que hacer. Decide mirar a Dios con total dependencia y confianza. Entonces encontrarás la fuerza y el valor para superar cualquier cosa.

Espero ver tu bondad, Señor, en esta tierra.
¡Eso me da esperanza!

TU ESCONDITE

Pues tú eres mi escondite;
me proteges de las dificultades
y me rodeas con canciones de victoria.
SALMOS 32.7 NTV

Físicamente, es difícil encontrar un lugar donde puedas esconderte de verdad. Alguien siempre te encontrará, ya sean los niños, el jefe, el marido o el novio. Es casi como si sus radares se apagaran cada vez que quieres encontrar un momento a solas.

Sin embargo, espiritualmente hay un lugar al que siempre puedes ir para alejarte de toda la gente y de toda preocupación. Es en la presencia de Dios. Una vez que estás allí, te encuentras rodeado no solo de amor y aliento, sino también de canciones de victoria.

Dios es tu mayor motivador y tu mejor entrenador. Él dice: «Te guiaré por el mejor sendero para tu vida; te aconsejaré y velaré por ti» (Salmos 32.8 NTV). Su única advertencia es que no seas testaruda cuando te diga qué camino tomar o qué hacer. Pero ese es un pequeño precio a pagar para vivir en victoria.

....

Señor, vengo a esconderme en ti. Sálvame, guíame.
Haz que sea barro en tus manos.

EL MANDATO DE DIOS PARA TI

«Mi mandato es: "¡Sé fuerte y valiente! No tengas miedo
ni te desanimes, porque el Señor tu Dios está contigo
dondequiera que vayas"».
Josué 1.9 ntv

Moisés ha muerto, y queda Josué para guiar al pueblo de Dios a la tierra prometida. ¿Puedes imaginar todos los pensamientos que deben de haber pasado por la cabeza de Josué? Tal vez por eso Dios le dice tres veces que sea fuerte y valiente y dos veces que está con él (ver Josué 1.5–9).

Lo más probable es que tus desafíos no sean tan grandes como los de Josué. Pero, aunque lo sean, estas son palabras que Dios quiere que te tomes muy en serio. Olvídate de tanta preocupación. Eso solo agotará tu energía y tu valor. Más bien, ten la certeza de que Dios *está* contigo. Él *nunca* te dejará. No importa a dónde vayas, Dios está ahí. Así que sé fuerte y valiente. Dios te sostiene.

....

Gracias, Señor, por estas alentadoras palabras.
Ayúdame a tener estas palabras en mi cabeza
para que pueda convertirme en la mujer fuerte
y valiente que diseñaste que fuera.

SIGUE ADELANTE

*Hermanos, yo sé muy bien que todavía no he alcanzado la
meta; pero he decidido no fijarme en lo que ya he recorrido,
sino que ahora me concentro en lo que me falta por recorrer.*
FILIPENSES 3.13 TLA

¿A veces te preocupas por las cosas que has dicho y hecho?
Es hora de dejar el pasado atrás. Dios sabe que no eres perfecta. Por eso envió a Jesús y luego te dejó su Espíritu, para
que tuvieras ayuda sobrenatural en tu viaje por la vida.

Así que no dejes que los «podría, tendría y debería» go-
biernen tu vida. Solo sigue adelante, dejando el resultado de
todas las cosas a Dios. No mires atrás, preocupándote por
las ramificaciones de tus palabras y acciones. Entrégaselas a
Dios. «Así que sigo adelante, hacia la meta, para llevarme el
premio que Dios nos llama a recibir por medio de Jesucristo»
(Filipenses 3.14 TLA).

....

*Jesús, por favor, ayúdame a dejar el pasado atrás.
No quiero ser como la esposa de Lot [ver Lucas 17.32],
paralizada donde estoy. Ayúdame a avanzar hacia ti.*

ESPINOS DE PREOCUPACIÓN Y RIQUEZAS

«El que recibió la semilla que cayó entre espinos
es el que oye la palabra, pero las preocupaciones de esta vida
y el engaño de las riquezas la ahogan,
de modo que esta no llega a dar fruto».
MATEO 13.22 NVI

Jesús cuenta una parábola sobre un agricultor que siembra semillas. La semilla que cayó en el camino se la llevan los pájaros (el maligno). La semilla sembrada en el suelo pedregoso se marchitó rápidamente cuando el sol la quemó. Estas son las personas de poca fe que se apartaron del camino cuando llegaron los problemas. Las semillas que cayeron entre espinos se ahogaron. Estas son las personas que permitieron que las preocupaciones del mundo y el dinero ahogaran la Palabra de Dios en sus vidas, haciéndolas infructuosas.

Tu objetivo es entregar tus preocupaciones a Dios, no centrarte en los tesoros de este mundo, sino crecer en la Palabra de Dios, permitiendo que te edifique. Entonces serás la semilla fructífera, produciendo una cosecha mayor de lo que jamás creíste posible.

Dios está esperando. Florece donde él te ha plantado.

....

Ayúdame a dar fruto para ti, Señor, mientras dejo
mis preocupaciones y echo mano de tu Palabra.

HERRAMIENTAS DE PODER

Porque no nos ha dado Dios espíritu de cobardía,
sino de poder, de amor y de dominio propio.
2 Timoteo 1.7 lbla

Dios no quiere que tus preocupaciones te mantengan acobardada, temerosa de salir al frente, así que te ha proporcionado herramientas para ayudarte a vivir una vida celestial mientras estés aquí en la tierra. Te ha dado un espíritu de poder, el mismo poder que usó para resucitar a Jesús de la muerte (ver Filipenses 3.10). Te ha llenado con el espíritu de amor, que te impulsa a complacer a Dios y a poner el bienestar de los demás por encima del tuyo. Y te ha dado una mente tranquila y bien equilibrada.

Usa las herramientas poderosas que Dios te ha dado. Deja atrás las preocupaciones mientras te entregas a Dios y construyes un cielo en la tierra a través de la oración.

....

Señor, gracias por las poderosas herramientas del amor
y de una mente tranquila. Ayúdame a usarlas
para construir tu reino.

EL CAMINO DE DIOS PARA TI

*Te abriste camino a través del mar y tu sendero atravesó las
poderosas aguas, ¡una senda que nadie sabía que estaba allí!
Guiaste a tu pueblo por ese camino como a un rebaño
de ovejas, con Moisés y Aarón de pastores.*
SALMOS 77.19–20 NTV

Las preocupaciones pueden venir sobre ti como aguas vio-
lentas. Estabas de pie en las aguas poco profundas, luego
te adentraste en las profundidades y, antes de darte cuenta,
estabas atrapada por la fuerza de la corriente. ¿Cómo recuperar tu posición?

Antes de que tus preocupaciones te hundan, acude a
Dios. Pídele que te muestre el camino que no puedes percibir
desde tu visión limitada. Él te revelará claramente el camino
que ha labrado solo para ti, el camino que ha provisto divi-
diendo las aguas, quitando la preocupación y la desesperación
que bloquea tu camino. Entonces él te calmará, te tomará de
la mano y te guiará cuidadosa y magistralmente como lo haría
cualquier pastor bueno y amoroso.

....

*No quiero que estas preocupaciones me hundan, Señor.
Calma mi alma. Toma mi mano. Guíame, Buen Pastor,
por la protección y la esperanza.*

EQUIPADA POR DIOS

*[David] tomó su bastón, escogió cinco piedras lisas del arroyo,
las metió en la bolsa que traía consigo y, con su honda en la
mano, se enfrentó con el filisteo.*
1 Samuel 17.40 dhh

¿No te preocupa a veces no estar equipada para enfrentar los
desafíos que tienes por delante?

A David no. Era solo un joven pastor cuando convenció al rey Saúl de que Dios le ayudaría a derrotar a Goliat. Cuando Saúl trató de ponerle a David todo el equipamiento para la lucha, David dijo: «No puedo andar con esto encima, porque no estoy acostumbrado a ello» (1 Samuel 17.39 dhh). Así que se lo quitó y se puso su equipamiento habitual: su confianza en Dios, un bastón, piedras y una honda. Con esto, David derribó al gigante.

Así como Dios equipó a David para derrotar a Goliat, Dios te ha dado exactamente lo que necesitas para enfrentar tus propios desafíos. Así que deja tus preocupaciones en sus manos, toma el arma de la oración, ponte tu equipamiento habitual y tú también ganarás la batalla.

....

*Gracias, Señor, por darme todo lo que necesito
para enfrentar los desafíos que tengo por delante.*

EN CASA EN DIOS

Me has tomado de la mano derecha, me has dirigido
con tus consejos y al final me recibirás con honores [...].
Pero yo me acercaré a Dios, pues para mí eso es lo mejor.
Tú, Señor y Dios, eres mi refugio,
y he de proclamar todo lo que has hecho.
SALMOS 73.23–24, 28 DHH

Cuando te preocupe que no vayas a encontrar tu camino,
mira dónde estás parada. ¿Te has alejado de Dios?

Recuerda que el Señor es tu roca, tu fortaleza y tu refugio. Cuando te acerques a él en oración, te tomará de la mano y te llevará exactamente a donde necesites ir, y luego te bendecirá tan pronto como tus pies toquen el camino que él te ha abierto.

Hoy, ponte en la presencia de Dios. Permítele que te tome de la mano. Al hacerlo, no solo encontrarás el alivio que has estado buscando, sino el hogar que tu espíritu y tu alma han estado anhelando, solo en él.

....

Señor, cuando las dudas y preocupaciones me asalten,
ayúdame a volver a ti, mi único y verdadero hogar en este
mundo y en el siguiente.

DIOS TE LLAMA TAL COMO TE VE

Entonces el ángel del Señor se le apareció y le dijo:
—¡Guerrero valiente, el Señor está contigo!
JUECES 6.12 NTV

Los madianitas siguieron recogiendo todas las cosechas que el pueblo de Dios había sembrado. Así que Gedeón estaba trillando trigo en un lagar, escondiendo su grano de los invasores madianitas. Fue entonces cuando Dios vino y lo llamó «guerrero valiente».

Sin embargo, Gedeón negó la estimación de Dios sobre él, diciéndole a Dios que era el menor de su familia, y su clan, el más insignificante de su tribu. Pero Dios le dijo a Gedeón que lo enviaba, que Gedeón iría con la fuerza que tenía. Dios estaría con él, y él derrotaría al enemigo (ver Jueces 6.14–16).

Cuando te preocupe que no seas lo suficientemente hábil para hacer lo que Dios te ha llamado a hacer, acude a él en oración. Él te recordará quién eres, una poderosa heroína, una hija de Dios. Tu trabajo consiste en creerle, en confiar en él para que te dé poder. Entonces te convertirás en la mujer que Dios ve que ya eres.

. . . .

Ayúdame a verme a través de tus ojos, Señor,
una poderosa hija de un poderoso Dios.

DIOS TIENE SU MANO FIRME SOBRE TI

No tengas miedo, pues yo estoy contigo; no temas, pues yo soy tu Dios. Yo te doy fuerzas, yo te ayudo, yo te sostengo con mi mano victoriosa. Todos los que te odian quedarán avergonzados y humillados; los que luchan contra ti quedarán completamente exterminados.

ISAÍAS 41.10–11 DHH

Isaías 41.10–13 son versículos maravillosos a tener en cuenta cuando la preocupación se convierte en miedo y después en pánico. Son palabras pronunciadas por tu Dios, que sabe todas las cosas que han sucedido, están sucediendo y te sucederán.

Dios te dice que no entres en pánico porque él está contigo. Te dará toda la fuerza que necesites para enfrentarte a lo que sea que tengas por delante. Él te toma de la mano y nunca te dejará ir. Te mantendrá firme sobre tus pies, te dará una base firme en la que caminar hacia donde él quiere que vayas. Y aquellos que te amenazan hoy ya no estarán mañana.

Cree y tendrás la fuerza y la paz que tu corazón, tu espíritu y tu alma anhelan.

....

Señor, en ti encuentro mi valentía. ¡Cuento solo contigo!

MEDITAR EN DIOS

Me acuerdo de los días antiguos, en todas tus obras medito,
reflexiono en la obra de tus manos [...]. Por la mañana hazme
oír tu misericordia, porque en ti confío; enséñame el camino
por el que debo andar, pues a ti elevo mi alma.
SALMOS 143.5, 8 LBLA

Una forma segura de mantener la preocupación a raya es acudir a Dios por la mañana, antes de que tus pies toquen el suelo, antes de que tu mente tenga la oportunidad de vagar en peligrosas dudas, miedos y pensamientos.

Abre la Palabra de Dios o concéntrate en versículos verdaderos y eficaces que eleven tus pensamientos y protejan tu mente. Recuerda todas las grandes cosas que Dios ha hecho en el pasado y agradécele lo que está haciendo en el presente. Luego acércate. Dile a Dios que confías en él. Pídele que te muestre el camino que debes seguir. Escucha lo que te dice mientras elevas tu mujer interior hacia él, del espíritu hacia el Espíritu, del amor hacia el Amor.

....

Vengo a ti antes que a todas las demás cosas, Señor.
Ámame, guíame, elévame hacia ti.

DIOS AL RESCATE

Aunque estoy rodeado de dificultades, tú me protegerás
del enojo de mis enemigos. Extiendes tu mano, y el poder
de tu mano derecha me salva. El Señor llevará a cabo
los planes que tiene para mi vida, pues tu fiel amor,
oh Señor, permanece para siempre.
No me abandones, porque tú me creaste.
Salmos 138.7–8 ntv

A veces, la vida puede sorprenderte. Vas por tu camino contenta y, de repente, antes de que te des cuenta, estás rodeada de problemas. Estás en el centro de una situación que nunca viste venir. Ahora estás más que preocupada, ¡estás a punto de enloquecer!

Detente. Respira hondo, no importa dónde estés o qué estés haciendo. Recuerda que Dios te protegerá, te *protege*. Su poder te está salvando en este mismo instante. Él va a solucionar todo por ti. ¿Por qué? Porque no solo te ama, sino que tiene un gran plan para tu vida. ¡Lo único que necesitas es confiar en él y experimentarlo!

....

Protégeme, Señor, cuando el peligro se acerque.
Sé que me salvarás. ¡Tú tienes un plan!

UNA PAZ PERFECTA Y CONFIADA

¡Tú guardarás en perfecta paz a todos los que confían en ti;
a todos los que concentran en ti sus pensamientos!
ISAÍAS 26.3 NTV

La poetisa Kathleen Norris escribió: «La oración no es pedir lo que crees que quieres, sino pedir ser transformada en formas que no puedas ni imaginar».

¿No te gustaría poder estar tranquila, sin agobios, serena, sin importar lo que te pase? ¿Puedes imaginar cómo sería eso?

Es posible tener una paz absoluta. Es una fórmula sencilla de recordar: la primera parte es confiar en Dios. Eso significa comprometerse con él y sus caminos, apoyarse en él, esperar que se mueva en tu vida. La segunda parte es mantener tu mente en él. Eso significa plantar su Palabra en lo profundo de tu ser, pasando tiempo con él y aprendiendo sobre quién es él.

Pídele a Dios que te transforme de ser una mujer preocupada a ser una mujer de paz. ¡Él entonces hará lo inimaginable, para tu bien y su gloria!

Señor, quiero la calma que solo tú puedes proporcionar.
Cámbiame, Señor. Hazme una mujer de una paz perfecta
y confiada.

CONFESIÓN Y REFRIGERIO

Por tanto, arrepentíos y convertíos, para que vuestros
pecados sean borrados, a fin de que tiempos de refrigerio
vengan de la presencia del Señor
HECHOS 3.19 LBLA

Si entregar tus preocupaciones a Dios en la oración no te está trayendo paz, puede ser que no le hayas contado todo lo que ha pasado en tu vida. No has confesado esas cosas que ni siquiera quieres admitirte a ti misma. Así, quedan escondidas dentro de ti, supurando como una herida infectada.

Querida amiga, a Dios nada se le puede ocultar. Él ve todo lo que haces, escucha todo lo que dices (ver Job 34.21). Pero, si quieres tiempos de refrigerio, menos preocupaciones y más paz, pídele a Dios que te examine (Salmos 139.23–24), para revelarte los malos pasos que aún no has confesado. Sabes que Dios te perdonará. Después saldrás más renovada que nunca.

....

Señor, mira dentro de mí. Muéstrame el error
que me mantiene ansiosa. Ayúdame a contártelo todo.

EXPERIMENTAR LAS NUMEROSAS
FACETAS DE DIOS

*Bendito sea el SEÑOR, mi roca, que adiestra mis manos para
la guerra, y mis dedos para la batalla. Misericordia mía y
fortaleza mía, mi baluarte y mi libertador, escudo mío en
quien me he refugiado, el que sujeta a mi pueblo debajo de mí.*

SALMOS 144.1–2 LBLA

La visión para tu vida, para tu día, parece un poco nublada.
Has orado más y más, y aun así sales con algunos restos
de ansiedad que parece que no puedes eliminar. Tal vez sea
hora de ir despacio, de ir a lo profundo, para experimentar
quién es Dios realmente, para calmar tu alma reconociendo
sus muchas facetas.

Mira a Dios como una roca firme e inamovible. Deja que
él sea tu fuerza. Reconoce que él es tu amor firme, eterno y
constante. Él es tu gran protector, tu fortaleza. En tiempos de
problemas, puedes correr hacia él, tu baluarte, y estar a salvo.
Él, tu libertador y tu escudo siempre presente, te rescatará y
te protegerá.

Confía y refúgiate en Dios, tu todo en todo.

---

*Hoy en ti voy a ir a lo profundo, Señor, mi roca,
mi firme amor, fortaleza, baluarte, libertador y escudo.*

ORACIÓN HABITUAL

*Perseverad en la oración, velando en ella
con acción de gracias.*
Colosenses 4.2 lbla

Si tu vida de oración es esporádica, tu paz también lo será. Y si no sazonas tus peticiones con acción de gracias, tus oraciones se convertirán en una mera letanía de deseos egoístas que te gustaría que se cumplieran antes de seguir tu camino, por tu propia cuenta.

Por eso el apóstol Pablo, el autor de Colosenses, te anima a orar continuamente de corazón y a hacer de la oración un hábito incansable en tu vida.

Así que no vayas a Dios solo una vez al día, sino durante todo el día. Cuando veas a alguien sufriendo, ora. Cuando la preocupación comience a entrar en tu mente, ora. Mientras estés con Dios en todos los sentidos todo el día, agradécele por todo lo que ha hecho, está haciendo y hará. Obrando así, no solo se desvanecerán todas tus preocupaciones, sino que te encontrarás caminando por el sendero de Dios y en su poder.

....

*Ayúdame, Señor, a ser firme en mi vida de oración,
dándote siempre gracias de todas las maneras
y durante todo el día.*

DIOS, EL ROMPECÍRCULOS

Pero cuando tenga miedo, en ti pondré mi confianza.
Alabo a Dios por lo que ha prometido [...]. Pues me rescataste
de la muerte; no dejaste que mis pies resbalaran.
Así que ahora puedo caminar en tu presencia, oh Dios,
en tu luz que da vida.
SALMOS 56.3–4, 13 NTV

El miedo puede causar ansiedad, y la ansiedad puede causar miedo. Es un círculo vicioso, pero es un círculo que Dios puede romper.

Para evitar el miedo y que la preocupación se apodere de tu vida –la vida que Dios quiere que vivas en él– debes confiar en aquel que gobierna y sostiene el universo. Esa persona es Dios.

Cuando tengas miedo, confía en Dios. Recuerda todas las promesas que te ha hecho, incluido el hecho de que está delante y detrás de ti, que nunca te dejará ni te abandonará.

Dios ya ha enviado a Jesús para rescatarte de la muerte y te ha dado el Espíritu Santo para guiarte. Así que confía en él. ¡Al hacerlo, estarás caminando en su luz vivificadora!

....

¡Cuando tenga miedo, confiaré en ti, Señor!

UN MONTÓN DE BENDICIONES ESPERÁNDOTE

Pero yo, Señor, confío en ti; yo he dicho: «¡Tú eres mi Dios!».
Mi vida está en tus manos; ¡líbrame de mis enemigos,
que me persiguen! ¡Qué grande es tu bondad para aquellos
que te honran! La guardas como un tesoro y, a la vista
de los hombres, la repartes a quienes confían en ti.
SALMOS 31.14–15, 19 DHH

Una buena manera de deshacerse de las preocupaciones es ponerte en las manos de Dios en medio de ellas. Segundo a segundo, minuto a minuto, hora a hora, ponte en las manos de aquel que te ama y te protege, aquel que anhela hablar contigo, caminar contigo y sostenerte cuando sea necesario.

No importa cuáles sean tus problemas o preocupaciones, Dios encontrará una manera única de hacer el bien con todo lo que se te presente. Así que ve hacia Dios, sabiendo que él tiene un montón de bendiciones esperando solamente para ti.

....

Mis preocupaciones se evaporan cuando me pongo
en tus manos, Señor. En ti me esperan
un montón de bendiciones, ¡solo para mí!

EL ARCO IRIS DE DIOS EN LAS NUBES

*«Cuando yo cubra la tierra de nubes, y en ellas aparezca
el arco iris, me acordaré del pacto que he establecido con
ustedes y con todos los seres vivientes. Nunca más las aguas se
convertirán en un diluvio para destruir a todos los mortales».*
GÉNESIS 9.14–15 NVI

Dios estaba decepcionado con los seres humanos que había creado, así que envió las aguas para destruir a todas las criaturas vivientes, todas excepto la familia de Noé y los animales del arca, por supuesto. Después, lamentando lo que había hecho, Dios le dijo a Noé que el arco iris sería señal de su promesa de no permitir nunca más que el agua destruyera toda la vida.

Dios promete que nunca se dará por vencido contigo, no importa lo que hayas hecho. Él estará ahí para ti, no importa cuán grande sea tu aluvión de preocupaciones y problemas. Deja que el precioso arco iris de Dios entre las nubes sea un recordatorio de que él hará que algo bueno salga de las tormentas de tu vida (ver Romanos 8.28). Solo mira hacia él y su arco multicolor. Él ha puesto algo bueno para ti en medio de las nubes.

*Dios Padre, gracias por hacer que todas las cosas ayuden a bien.
Ayúdame a fijarme en tu arco iris entre mis nubes.*

LA PUERTA DE LA ESPERANZA DE DIOS

*«Pero luego volveré a conquistarla. La llevaré al desierto y allí
le hablaré tiernamente. Le devolveré sus viñedos y convertiré
el valle de la Aflicción en una puerta de esperanza. Allí se me
entregará como lo hizo hace mucho tiempo cuando era joven,
cuando la liberé de su esclavitud en Egipto».*
OSEAS 2.14–15 NTV

Dios tiene un corazón compasivo contigo. Desea pasar tiempo contigo, hablarte. Así que ve a él con tus preocupaciones. Derrama todos los pensamientos de ansiedad que tengas en tu mente. Libera tu corazón de todo lo que te preocupa. Cuéntale todo lo que inquieta tu espíritu y te impide concentrarte en él.

Cuando lo hagas, Dios se acercará y te escuchará. Entonces te hablará con una voz suave, derramando su sabiduría y cubriéndote con su amor. Él te bendecirá con su paz y con su presencia. Antes de que te des cuenta, lo encontrarás transformando tu oscuro valle de desesperación en una brillante puerta de esperanza.

---

*Señor, me siento perdida en este oscuro valle de la Aflicción.
Así que vengo a ti, derramando mi corazón.
¡Guíame hacia la puerta de la esperanza que tengo en ti!*

CAMINA AL LADO DE JESÚS

«Vengan a mí todos ustedes que están cansados de sus trabajos
y cargas, y yo los haré descansar. Acepten el yugo que les pongo,
y aprendan de mí, que soy paciente y de corazón humilde; así
encontrarán descanso. Porque el yugo que les pongo y la carga
que les doy a llevar son ligeros».
MATEO 11.28–30 DHH

Las preocupaciones son algo humano, pero pueden consumir tu energía si no las llevas a Jesús de forma regular. Quizás no quieras seguir molestándolo con las mismas preocupaciones de siempre. O quizá piensas que puedes arreglar tus problemas por ti misma.

Recuerda que Jesús no quiere que el maligno te robe o destruya tu vida con preocupaciones. Jesús quiere que te acerques a él, que le dejes llevar tu carga. Él vino para que sus discípulos «tengan vida, y para que la tengan en abundancia» (Juan 10.10 DHH). Así que, para un verdadero descanso, ve con Jesús. Camina a su lado. ¡Verás que no solo vives mejor, sino también aliviada!

Quiero estar en sintonía contigo, Señor.
Pasemos este momento juntos.

TU LISTA DE PREOCUPACIONES

Sean vuestras costumbres sin avaricia, contentos con lo que
tenéis ahora; porque él dijo: No te desampararé, ni te dejaré;
de manera que podemos decir confiadamente:
El Señor es mi ayudador; no temeré
Lo que me pueda hacer el hombre.
HEBREOS 13.5–6 RVR1960

Alguien escribió una vez: «Puedes saber el tamaño de tu Dios mirando el tamaño de tu lista de preocupaciones. Cuanto más larga es tu lista, más pequeño es tu Dios». Hmm. ¿Cuán grande es *tu* Dios? ¿Cuán larga es *tu* lista de preocupaciones?

¿Tus preocupaciones giran en torno al dinero o a cosas que no necesitas en realidad? ¿Tu insatisfacción se incrementa porque no tienes el último teléfono inteligente, la ropa más moderna, el césped más cuidado o el auto más bonito?

Plantéate hoy escribir tus inquietudes. Mira cuántas cosas puedes quitar de la lista, sabiendo que puedes estar contenta con lo que tienes. Luego entrégale a Dios las preocupaciones que te queden, confiando en él, tu Ayudador, para que te provea lo que realmente necesitas.

Señor, ayúdame a estar contenta con lo que tengo y a confiar
en que me darás todo lo que necesito. Amén.

AMOR REAL

Dios mostró cuánto nos ama al enviar a su único Hijo al
mundo, para que tengamos vida eterna por medio de él.
En esto consiste el amor verdadero: no en que nosotros
hayamos amado a Dios, sino en que él nos amó a nosotros.
1 JUAN 4.9–10 NTV

Todo el mundo tiene momentos en los que se siente poco amado, invisible o descuidado, ¡incluso por las personas más cercanas! ¡Empiezan a preocuparse, preguntándose si son importantes en alguna medida!

Si estás pasando por un momento así, anímate. Dios te ama más de lo que puedes imaginar. Eres la niña de sus ojos. Él entregó a su único Hijo para salvarte de la muerte y de la oscuridad. ¡Te amaba incluso antes de que tú lo amaras a él! Aunque suene disparatado, ¡es verdad!

Dios nunca dejará de amarte. Tiene sus ojos en ti, se preocupa profundamente por ti. Él te provee lo que necesitas, ¡antes de que lo necesites!

Descansa, querida hija. ¡El amor de Dios Padre te ha cubierto!

....

Gracias por amarme, Señor, ¡aun cuando yo no me ame
a mí misma! Lléname con tu amor, así podré amar
a todos los que pongas en mi camino.

PUERTAS ABIERTAS

*«Yo conozco tus obras; he aquí, he puesto delante de ti
una puerta abierta, la cual nadie puede cerrar;
porque aunque tienes poca fuerza, has guardado
mi palabra, y no has negado mi nombre».*
APOCALIPSIS 3.8 RVR1960

¿Alguna vez te preocupaste por si estabas en el camino equivocado? ¿Te han abierto o cerrado una puerta en la cara últimamente? No hay necesidad de preocuparse. Como escribió Catherine Wood Marshall: «A menudo, Dios tiene que cerrarnos una puerta en la cara para poder abrir la puerta por la que quiere que vayamos».

Dios tiene un plan definido para tu vida. Quiere que tengas éxito, que prosperes, que florezcas donde él te ha plantado. Así que, en vez de preocuparte por si estás en el camino correcto o equivocado, ve a Dios. Pídele que se acerque a ti y te diga hacia dónde debes virar, si es necesario. Descansa tranquila, sabiendo que él te está guiando y no te dejará caer en ningún hoyo.

....

*Señor, muéstrame qué puertas has abierto o cerrado.
Confío en que tú me guiarás por el camino correcto.
Amén.*

DIOS EL RECOMPENSADOR

En realidad, sin fe es imposible agradar a Dios,
ya que cualquiera que se acerca a Dios tiene que creer
que él existe y que recompensa a quienes lo buscan.
HEBREOS 11.6 NVI

La preocupación viene cuando tienes un problema o una situación que parece irresoluble o en la que no ves esperanza. O cuando no estás segura de cuánto tiempo puedes aguantar antes de que Dios te ayude o te dé una respuesta.

Por eso debes entregar tus preocupaciones a Dios, creyendo que él existe, sabiendo que, al buscar su rostro, él te recompensará.

Tan pronto como entras en la presencia de Dios y te centras en él, tu recompensa inicial es la insuperable paz que desciende sobre ti. Al liberar tus cargas, te das cuenta de lo pequeñas que parecen comparadas con las maravillas que él realiza continuamente y las promesas que él cumple constantemente. Y ahora te reconforta saber que Dios te recompensará con una respuesta a tu oración, una solución a tu problema y fuerza hasta que ambas lleguen.

....

Busco tu rostro por encima de todo, Señor, sabiendo que
tú existes y me recompensarás cuando venga a tu presencia,
desde tu inmensa paz.

ES DIOS QUIEN SALVA

Entonces el SEÑOR le dijo a Gedeón: «Tienes demasiados
guerreros contigo. Si dejo que todos ustedes peleen
contra los madianitas, los israelitas se jactarán ante mí
de que se salvaron con su propia fuerza».
JUECES 7.2 NTV

Dios le dijo a Gedeón que reuniera un ejército para derrotar a los madianitas, que habían estado atacando a Israel. Pero Gedeón tenía demasiados guerreros consigo, tantos que los israelitas podían creerse que su propia fuerza los habría salvado, y no Dios.

Así que, con una serie de instrucciones dadas a Gedeón, Dios redujo su ejército de 32.000 a 300 hombres, que luego derrotaron a su enemigo.

Es evidente que, cuando Dios está de tu lado, no tienes que preocuparte de que no tengas suficientes recursos para vencer a tus circunstancias del día. Dios te equipará con toda la fuerza, el poder y las provisiones que necesites, ya que la victoria está solo en *sus* manos.

....

Todo lo que necesito para vencer el día es tenerte a mi lado,
Señor. Me darás toda la fuerza, el poder y la provisión
que necesito porque la victoria está solo en tus manos.

UNA SALIDA DE DIOS

Ustedes no han pasado por ninguna prueba que no sea
humanamente soportable. Y pueden ustedes confiar en Dios,
que no los dejará sufrir pruebas más duras de lo que pueden
soportar. Por el contrario, cuando llegue la prueba, Dios les dará
también la manera de salir de ella, para que puedan soportarla.
1 Corintios 10.13 dhh

No importa qué obstáculos encuentres en tu viaje por esta vida, tus experiencias no son en realidad nada nuevo. Otras mujeres han recorrido este camino antes. Así que no te preocupes, no temas ni entres en pánico. Otras han encontrado un camino para pasarlo, y tú también lo harás.

En vez de preocuparte, lleva todas tus inquietudes a Dios. Recuerda que él nunca te decepcionará. Nunca dejará que las cosas vayan demasiado lejos, más allá de lo que puedas manejar. Y él se quedará contigo, fortaleciéndote y ayudándote en cada momento.

Así que confía en Dios. Él te ayudará a encontrar la ruta de escape perfecta mientras te enseña valiosas lecciones por el camino.

....

Señor, sé que otros han recorrido este camino antes,
así que no me voy a preocupar. Me ayudarás a encontrar
mi ruta de salida de esta prueba, y hacia ti.

COMO UN NIÑO

Pero Jesús les dijo: «Dejen que los niños vengan a mí.
¡No los detengan! Pues el reino del cielo pertenece
a los que son como estos niños».
MATEO 19.14 NTV

Los niños pequeños no se preocupan. Eso es porque confían en sus padres para todo: comida, ropa, agua, protección y amor. Son vulnerables y no pueden ir muy lejos sin la ayuda y la orientación de sus padres. Así que están felices de tomar la mano de sus padres, sabiendo que serán llevados de forma segura al cruzar la calle, al pasar por la tienda o al subir las escaleras para ir a la cama.

Así es como Dios quiere que seas, como un niño que confía. Quiere que no te preocupes por nada, sino que descanses en él para todo. Quiere que seas humilde, que te des cuenta de tu completa dependencia de él, sabiendo que no irás lejos sin tu mano en la suya.

Sé como un niño y te verás creciendo segura en Dios.

....

Eres un excelente padre y madre para mí, Señor.
Ayúdame a ser como un niño pequeño, consciente
de que me llevarás a salvo a donde quiera que me lleves.
Me pongo en tus manos. Amén.

PONER LOS OJOS EN DIOS

*Porque no tenemos fuerza alguna delante
de esta gran multitud que viene contra nosotros, y no sabemos
qué hacer; pero nuestros ojos están vueltos hacia ti.*
2 Crónicas 20.12 lbla

Tres ejércitos venían a atacar a Josafat, rey de Judá. Al principio, el rey temía por sí mismo y por su pueblo, pero luego «se dispuso a buscar al Señor» (2 Crónicas 20.3 lbla) y oró.

Josafat se acordó de la fuerza y el poder de Dios. Luego solicitó la ayuda de Dios, admitiendo que él y su pueblo no tenían la fuerza para luchar contra lo que se les venía encima. No sabían qué hacer, pero sus ojos estaban puestos en Dios.

Cuando no sabes qué hacer, puedes preocuparte al principio. Pero la oración hará que te alinees con Dios. Búscalo y recuerda su fuerza. Admite tu debilidad y confusión. Entonces mantén tus ojos en Dios y obtendrás la victoria que él te da.

....

*Señor, tú eres fuerte y poderoso, y yo soy débil.
No sé qué hacer, pero mantengo la mirada en ti,
sabiendo que en ello reside la victoria.*

ESTÉN QUIETOS Y VEAN

No temáis, ni os acobardéis delante de esta gran multitud,
porque la batalla no es vuestra, sino de Dios [...].
No necesitáis pelear en esta batalla; apostaos
y estad quietos, y ved la salvación del Señor
con vosotros, oh Judá y Jerusalén.
2 Crónicas 20.15, 17 lbla

Después de que el rey Josafat oró, Dios le dijo al rey y a su gente que no se preocupasen ni se desanimasen porque la batalla que tenían ante ellos era de Dios. Todo lo que tenían que hacer era ir a donde Dios les dijera que fueran, quedarse allí y ver cómo los salvaba.

Cuando te enfrentes a un conflicto y obstáculo, ten en cuenta estos poderosos versículos. Aliviarán tus miedos sobre la situación y tus preocupaciones sobre cómo manejarla.

Después ponte a ti misma y a tu batalla en las manos de Dios. Ve a donde él te diga que vayas. Sabiendo que él está contigo, ocupa con calma tu posición y observa cómo Dios realiza sus maravillas.

....

No sé qué es lo que vas a hacer, Señor, pero sé cuál es mi
cometido. Iré a donde me digas, me quedaré tranquilamente ahí
y observaré cómo actúas.

TUS MEJORES ARMAS

Temprano a la mañana siguiente, el ejército de Judá salió
al desierto de Tecoa. De camino, el rey Josafat se detuvo
y dijo: «¡Escúchenme, habitantes de Judá y de Jerusalén!
Crean en el Señor su Dios y podrán permanecer firmes.
Créanles a sus profetas y tendrán éxito».
2 Crónicas 20.20 NTV

Después de que Dios le diera al rey Josafat sus órdenes de marcha, le dijo a su pueblo que creyera en Dios, que se mantuvieran firmes, y que verían el triunfo en la poderosa batalla contra ellos. Luego designó cantores para que marcharan *al frente de su ejército* y cantaran alabanzas a Dios. «Cuando comenzaron a cantar y a dar alabanzas, el Señor hizo que los ejércitos [...] comenzaran a luchar entre sí» (2 Crónicas 20.22 NTV). Cuando el ejército de Judá llegó al campo de batalla, no les quedaba más que recoger el botín.

Tus principales armas contra el miedo y la preocupación son la oración y la alabanza. Ora por guía, y luego alaba al Dios que amas y en el que crees. Serás capaz no solo de mantenerte fuerte, sino de encontrar muchos tesoros.

....

Señor, gracias por luchar por mí. ¡Tu fiel amor perdura
para siempre! [Ver 2 Crónicas 20.21].

MIRA HACIA ARRIBA

Piensen en las cosas del cielo,
no en las de la tierra.
Colosenses 3.2 dhh

¡Te has fijado alguna vez en cómo va la gente por ahí, mirando sus teléfonos inteligentes? Están tan preocupados por no perderse el último mensaje de texto, el correo electrónico o las noticias, tan ensimismados en lo que sucede en su dispositivo móvil que no miran a dónde van. Y, antes de que se den cuenta, se topan con algo o tropiezan en un agujero y se hacen daño.

Dios quiere que pongas tu mirada en las cosas espirituales. Quiere que compruebes lo que Jesús está haciendo, viendo las cosas desde su punto de vista. Mirarlo a él evitará que tropieces donde Dios desea que te eleves.

....

Jesús, me apego tanto a las cosas de esta tierra...
y es entonces cuando tropiezo con la preocupación.
Ayúdame a tener los ojos puestos en ti,
atenta a lo que tú haces.

VEN TAL COMO ERES

Y el Espíritu y la esposa dicen: Ven. Y el que oye, diga: Ven.
Y el que tiene sed, venga; y el que desea, que tome
gratuitamente del agua de la vida.
APOCALIPSIS 22.17 LBLA

¿Te preocupa no ser lo suficientemente buena como para venir ante Dios y ver aliviadas tus preocupaciones? ¿Que no eres lo suficientemente digna de pedir y recibir la misericordia de Dios, el amor de Jesús y la ayuda del Espíritu Santo?

En el himno «Vengan, pecadores», el letrista Joseph Hart expresa en inglés estas palabras: «Vengan, cansados, cargados, perdidos y arruinados por la caída, si se esperan hasta que estén mejor, nunca vendrán».

Dios sabe que no eres perfecta. Por eso envió a Jesús para salvarte y dejó al Espíritu Santo para ayudarte. Así que no te detengas. Ve a Dios y deposita en él todas tus preocupaciones. Toma su luz, y encontrarás alivio para tu alma, fuerza para tu espíritu y amor para tu corazón.

....

Vengo a ti tal como soy, Señor.
Toma tú mis preocupaciones y concédeme tu paz.

SIEMBRA ESPIRITUAL

Porque el que siembra para su propia carne, de la carne
segará corrupción, pero el que siembra para el Espíritu,
del Espíritu segará vida eterna.
GÁLATAS 6.8 LBLA

Cuando estás en un estado de preocupación, estás sembrando en tu carne, plantando semillas de preocupación que solo producirán más preocupación, o peor, se convertirán en miedo y pánico. Antes de que te des cuenta, estarás haciendo o diciendo algo que no querías hacer o decir, que podría destruir o perjudicar los espíritus de otras personas.

Así que, cuando aparezca la preocupación, hazte a ti misma y al mundo un favor. Respira hondo. Escudriña la Palabra. Busca un versículo que calme tu espíritu y edifique tu fe. Pon ese versículo en tu corazón. Luego busca el rostro de Dios y su paz. Pronto estarás sembrando en el Espíritu y cosechando la luz de la vida eterna.

....

Estoy cansada de sembrar preocupación, Señor. Solo produce
preocupaciones más grandes, o incluso peores. Ayúdame a
madurar en ti, sembrando para el Espíritu,
cosechando tu luz.

SER UNA BENDICIÓN

No nos cansemos de hacer el bien, porque a su debido tiempo
cosecharemos si no nos damos por vencidos. Por lo tanto,
siempre que tengamos la oportunidad, hagamos bien
a todos, y en especial a los de la familia de la fe.
GÁLATAS 6.9–10 NVI

Si te dejas llevar por la preocupación, no tendrás la energía para concentrarte en nada más que en las cosas que te preocupan y te afectan. Con los ojos centrados únicamente en ti misma, ya no podrás aprovechar, ni siquiera ver, las oportunidades de ayudar a otra persona. Dejarás de ser una bendición para los demás.

Dios quiere que no solo lo ames a él y a ti misma, sino también a tus prójimos: las personas que yacen junto al camino, heridas y ensangrentadas física, emocional, espiritual, económica y mentalmente.

Hoy, escapa de ti misma y acércate a Dios y a los demás haciendo algo bueno por tu prójimo, amigo, familiar o por un extraño. Tan pronto como empieces a centrarte en los demás, tus preocupaciones se desvanecerán a través de la luz del amor.

....

Quiero ampliar mi visión, Señor, para ayudar a los necesitados.
Muéstrame a quién puedo ayudar y amar en tu nombre.

LA PACIENCIA DE DIOS

*El Señor no tarda en cumplir su promesa, según entienden
algunos la tardanza. Más bien, él tiene paciencia
con ustedes, porque no quiere que nadie perezca,
sino que todos se arrepientan.*

2 Pedro 3.9 nvi

Muchas mujeres vienen a la iglesia solas porque sus parejas aún no creen en Jesús. Algunas personas llaman a estas mujeres «viudas de iglesia». Tal vez tú eres una de ellas. Te preocupas y te preguntas, *¿creerá algún día mi cónyuge?*

Es bueno preocuparse por la salvación de los demás, pero eso no debe consumirnos. En lugar de pasar el tiempo preocupándote por tus seres queridos, ya sean cónyuges, hijos, padres o amigos, fija tus ojos en Dios. Él tiene mucha paciencia *y además* tiene un plan, queriendo dar a todos la oportunidad de seguir a su Hijo. Mientras tanto, sé la mejor seguidora de Dios que puedas ser. Y ora... por las almas de los demás, dejando su destino en las poderosas manos de Dios.

....

*Señor, gracias por estar siempre conmigo.
Hoy traigo ante ti a los siguientes futuros cristianos...*

DIOS ENDEREZA TUS VEREDAS

*Fíate de Jehová de todo tu corazón, y no te apoyes
en tu propia prudencia. Reconócelo en todos tus caminos,
y él enderezará tus veredas.*
PROVERBIOS 3.5–6 RVR1960

En algún momento de tu vida, es probable que le hayas pedido a Dios que te diga lo que quiere que hagas para servirle, ya sea como misionera, pastora, esposa, madre, escritora, secretaria, ejecutiva de empresa, alcaldesa, etc. Y él respondió a tu oración, dirigiéndote hacia un área que ya te apasionaba. Pero entonces, con el paso de los años, tu pasión fue disminuyendo un poco, y ahora te preguntas si hay algún otro camino que él quiera que sigas. O te preocupa que tal vez te hayas equivocado desde el principio.

Tal vez sea hora de pedirle a Dios otra vez que te indique el camino que debes seguir. Confía en que lo haga, pero no hagas nada hasta que lo haya dejado todo claro. La paciencia será tu recompensa.

*Me inclino hacia ti, Señor. Muéstrame el camino
en el que quieres que esté. Confío en ti.*

DETENTE Y CONSIDERA

Escucha esto, Job, detente y considera
las maravillas de Dios.
JOB 37.14 LBLA

Plantéate hoy tomarte un descanso del ritmo frenético de tu vida y da un paseo relajante para orar. Dirígete a la naturaleza, ya sea a tu propio patio, a algún parque cercano, a una playa, a un arroyo o a un árbol plantado en la acera de la ciudad. Una vez allí, quédate quieta y piensa en todas las cosas maravillosas que Dios ha creado para tu provisión y placer.

Toca la corteza de un árbol o el pétalo de una flor. Si hace calor, quítate los zapatos y hunde los pies en la hierba o mueve los dedos de los pies en la arena. Mira hacia los cielos y disfruta de las maravillas de Dios.

Al conectarte en oración con la creación de Dios y considerar tu inmensidad, tus preocupaciones parecerán triviales, y tus labios y tu mente se llenarán de pura alabanza.

....

Me siento abrumada por la variedad y la inmensidad
de todo lo que has creado, Señor. Ayúdame a dejar
de preocuparme y a empezar a admirar todo
lo que has hecho por los que amas en el cielo y en la tierra.

PODER SOBREHUMANO

Por esto también nosotros sin cesar damos gracias a Dios
de que cuando recibisteis la palabra de Dios, que oísteis de
nosotros la aceptasteis no como la palabra de hombres, sino
como lo que realmente es, la palabra de Dios, la cual
también hace su obra en vosotros los que creéis.

1 Tesalonicenses 2.13 lbla

¡Imagínatelo! ¡La Palabra de Dios está obrando en ti, ejerciendo su poder sobrehumano dentro de ti mientras la vives, confiando y apoyándote en ella!

¡La Palabra de Dios es lo único que necesitas! Te salva, te guía, te previene, te recompensa y te aconseja. Te forma para convertirte en la mujer que Dios quiere que seas desde que te creó. Revive tu espíritu, te devuelve la fuerza, conforta tu corazón, alimenta tu alma y renueva tu mente. Te fortalece, te da alegría y te hace prosperar.

Olvídate de las preocupaciones. Concéntrate en la Palabra. ¡Y Dios te cambiará desde dentro hacia afuera!

....

Quiero aprovechar tu poder sobrehumano, Señor.
¡Toma mis preocupaciones en tus manos
y derrama tu palabra sobre mí!

SERVIR A DIOS EN UN MOMENTO ASÍ

«Porque si callas absolutamente en este tiempo, respiro y
liberación vendrá de alguna otra parte para los judíos;
mas tú y la casa de tu padre pereceréis. ¿Y quién sabe si
para esta hora has llegado al reino?».
ESTER 4.14 RVR1960

Ester, una hermosa chica judía, fue una huérfana que se convirtió en reina. Cuando su primo Mardoqueo descubrió que los judíos estaban siendo perseguidos, envió un mensaje a Ester, diciéndole que este podría ser su momento para hablar con el rey y pedirle ayuda para salvar a su pueblo.

Después de recibir su mensaje, la resolutiva Ester le dijo a Mardoqueo que pidiera a su pueblo que ayunara y orara durante tres días, diciendo: «y entonces entraré a ver al rey, aunque no sea conforme a la ley; y si perezco, que perezca» (Ester 4.16 RVR1960).

A lo mejor sientes que Dios te llama y quiere que seas valiente en su nombre. Si es así, ora. Pídele a Dios que reemplace tus preocupaciones por su paz, y tus miedos por su valor. No pierdas esta oportunidad de servir a Dios en un momento como este.

···

Señor, revélame cualquier oportunidad que tengas para mí.
Fortalecida mediante tu paz y tu valor, te serviré.

MEDITA EN LAS MARAVILLAS

Todos los días te bendeciré,
y alabaré tu nombre eternamente y para siempre [...].
En el glorioso esplendor de tu majestad,
y en tus maravillosas obras meditaré.

A David, el pastorcillo que se convirtió en rey, le encanta-
ba hablar con Dios. Muchos de sus salmos hablan de sus
miedos, penas y preocupaciones. Pero David también buscó
lo bueno en su vida. Mantuvo sus ojos abiertos a las cosas
nuevas y sorprendentes que el Señor hacía cada día y alabó
a Dios por todas ellas. Así, tenía en mente las maravillas de
Dios durante todo el día.

¿Por qué no seguir el ejemplo de David? Después de des-
cargar tus preocupaciones, busca activamente algo nuevo por
lo que alabar a Dios. Mantén tus ojos abiertos a sus maravillas
y obras que tienes a tu alrededor. Piensa en ellas a lo largo del
día. Te encontrarás tan ocupada buscando lo bueno que no
tendrás tiempo para preocuparte.

....

Hoy estoy buscando nuevas razones para alabarte y adorarte,
Señor. ¡Meditaré en tus obras y tus maravillas!

ESCUCHAR A LA SABIDURÍA

Pero el que me escucha vivirá seguro,
y descansará, sin temor al mal.
PROVERBIOS 1.33 LBLA

No importa la versión de la Biblia que tengas, el versículo de arriba expresa mucho. La Palabra de Dios lo dice así: «el que me escucha vivirá seguro, y descansará, sin temor al mal». Quien habla aquí es la Sabiduría, que en algunos capítulos de Proverbios se personifica como una mujer.

Si quieres vivir sin preocupaciones, no solo tienes que entregar tus problemas a Dios, sino también *escucharlo* cuando te responda, para seguir donde sus palabras y su voz te lleven. Cuando lo hagas, serás libre no solo de la preocupación, sino también del miedo al mal y al desastre. Ya no te verás imaginando mentalmente el peor de los casos y ensayando tu reacción ante él, sino viviendo con seguridad, en silencio y en paz, confiando en que Dios te dará el mejor de los escenarios.

....

Quiero vivir con tranquilidad y confianza.
Mis oídos están abiertos a tu sabiduría, Señor. ¡Habla!

ESE BRILLO ESPECIAL

«Si te das a ti mismo en servicio del hambriento,
si ayudas al afligido en su necesidad,
tu luz brillará en la oscuridad,
tus sombras se convertirán en luz de mediodía».
Isaías 58.10 dhh

Cuando las dificultades se conviertan en una sombra en tu vida, sal de ti misma y dirígete hacia los demás. Encuentra un banco de alimentos al que puedas donar. Considera la posibilidad de ser voluntaria en la próxima comida de Acción de Gracias en un comedor público local. Arregla el jardín de una viuda, ofrécete a llevar a la iglesia a una persona sin auto, o ayuda al sustento de un niño que vive en la pobreza.

A medida que emplees tu energía en ayudar a los demás, comenzarás a brillar en este sombrío mundo. Tu vida en la sombra será cubierta por la luz del Hijo de Dios. Y encontrarás a personas que dicen: «Quiero lo que ella tiene». No hay mejor testimonio que ese.

....

Señor, quiero salir de esta sombra de preocupación. Abre mis
ojos ante las necesidades que me rodean. ¿Qué puedo hacer hoy
para ayudar a alguien, convertirme en un poderoso instrumento
en tu reino e iluminar mi propia vida,
todo al mismo tiempo?

FE POR ENCIMA DE LA ANSIEDAD

«Yo sé que tú lo puedes todo
y que no hay nada que no puedas realizar».
JOB 42.2 DHH

Dios te ha hecho varias promesas. Puedes encontrarlas en su Palabra. Pero a esas promesas tienes que sumarle tu fe. Debes estar convencida de que Dios puede hacer y hará lo que sea y que nadie puede estropear sus planes para ti y para el resto de su creación. ¡Cuando tengas esa certeza, tu fe vencerá siempre sobre tu inquietud!

Para reforzar la fe de manera que la Palabra de Dios triunfe sobre tus preocupaciones, recuerda lo que dijo en Isaías 55.11 (DHH): «Así también la palabra que sale de mis labios no vuelve a mí sin producir efecto, sino que hace lo que yo quiero y cumple la orden que le doy».

No te preocupes. Dios promete que cumplirá sus promesas. ¡Tienes su palabra!

Ayúdame a fortalecer mi fe, Señor. Muéstrame cómo crecer
con la garantía de que harás en mi vida lo que has prometido.
¡Que nadie pueda arruinar tus planes para mí!

NUEVA ESPERANZA CADA MAÑANA

Pero una cosa quiero tener presente y poner en ella
mi esperanza: El amor del Señor no tiene fin,
ni se han agotado sus bondades.
LAMENTACIONES 3.21–22 DHH

Puede que encuentres que algunas heridas parecen más difíciles de sanar que otras, o que algunas preocupaciones, siempre las mismas, siguen surgiendo.

Anímate. Mantén la esperanza recordando que el amor y la misericordia de Dios nunca se agotan. Cada mañana, tu Creador tiene un nuevo recurso al que puedes acceder pasando tiempo en su Palabra, orando y meditando. Solo hay que dar espacio y tiempo a Dios para que hable a través del Espíritu. Ábrete a nuevos pensamientos. Dios, en su fidelidad, te encontrará justo donde más lo necesitas.

Señor, en tiempos de duda, prueba y preocupación,
recuérdame que siempre estás ahí para mí con una nueva
provisión de amor y misericordia cada mañana.
Habla a lo más profundo de mi corazón.
¡Y alabaré tu eterna fidelidad para conmigo!

FIRME EN LA VERDAD DE DIOS

Porque en el día de la angustia
me esconderá en su tabernáculo;
en lo secreto de su tienda me ocultará;
sobre una roca me pondrá en alto.
SALMOS 27.5 LBLA

Cuando estás llena de preocupaciones y desgarrada por los problemas, solo hay un lugar al que ir: a Dios en oración. Corre hacia él. Fusiona tu espíritu con el suyo. Siente el amor y la compasión de Jesús. Deja que tus preocupaciones se alejen de ti y se dirijan a él.

Mírate a ti misma como si estuvieras a cubierto en el refugio del amor de Dios. Él te levanta y te pone sobre la roca, en lo alto de tus preocupaciones terrenales, todos esos problemas, peligros y pruebas que quieren arrastrarte hacia abajo.

Mientras estás de pie sobre la roca, Dios te susurra su consuelo, recordándote que eres una cristiana fuerte, una hermana de Jesús, una hija amada del Rey, y un canal del Espíritu de Dios. ¡Sigue adelante con su verdad!

....

Me dirijo a ti, Señor. Escóndeme en tu lugar secreto.
Llévame a la roca. ¡Recuérdame quién soy en ti!

DIOS HACE LLOVER BENDICIONES

Bendito sea el Señor, Dios de Israel, que habló por su boca
a mi padre David y por su mano lo ha cumplido.
2 Crónicas 6.4 lbla

El país estaba experimentando una gran hambruna cuando el Señor le dijo al profeta Elías: «Ve, muéstrate a Acab, y enviaré lluvia sobre la faz de la tierra» (1 Reyes 18.1 lbla). Elías siguió el mandato de Dios y finalmente le dijo al rey Acab: «Sube, come y bebe; porque se oye el estruendo de mucha lluvia» (1 Reyes 18.41 lbla). Entonces Elías fue a la cima del monte Carmelo, se postró en el suelo y puso su rostro entre las rodillas.

Seis veces le dijo Elías a su siervo que fuera y mirara hacia el mar. Y cada vez el siervo regresaba, diciendo que no había visto nada. Pero la séptima vez vio una nube que traía lluvias torrenciales.

No dejes que la preocupación y la frustración nublen tu admiración por lo que Dios ha dicho que va a hacer. Solo sigue mirando. Dios hará con sus manos lo que prometió con su boca.

....

Creo en tu promesa, Señor.
¡Sé que harás que llueva tu bendición!

INCIENSO FRAGANTE

El Señor atiende al clamor del hombre honrado,
y lo libra de todas sus angustias.
SALMOS 34.17 DHH

¿A veces te preguntas si Dios te escucha? ¿Te preocupa que tus oraciones caigan en oídos sordos?

No lo hagas. Es el enemigo el que quiere que pienses que Dios no escucha ni se preocupa por tus problemas y peticiones. El objetivo del padre de mentira es abrir una brecha entre el Señor y tú. Pero la verdad es que cada palabra que pronuncias en oración se dirige a Dios como un incienso de olor fragante (ver Apocalipsis 8.4).

Al ir a Dios en oración en el día de hoy, imagínate cómo espera ansiosamente escuchar lo que tienes que decir. Míralo pendiente de cada palabra. Luego tómate el tiempo para escuchar su respuesta. Sus palabras te rescatarán, acercándote cada vez más a él.

«A ti clamo, Señor: ¡ven pronto!, ¡escucha mi voz cuando te
invoco. Sea mi oración como incienso en tu presencia, y mis
manos levantadas, como ofrenda de la tarde».
(Salmos 141.1–2 DHH).

ORACIONES SIN PALABRAS

Y de igual manera el Espíritu nos ayuda en nuestra debilidad;
pues qué hemos de pedir como conviene, no lo sabemos, pero el
Espíritu mismo intercede por nosotros con gemidos indecibles.
ROMANOS 8.26 RVR1960

A veces tus inquietudes y dificultades pueden ser tan agobiantes que resulta imposible expresar con palabras tus súplicas a Dios. Ahí es donde entra el Espíritu Santo. Él sabe lo que tu corazón, alma, mente y espíritu tratan de expresar, y entrega tus anhelos a Dios.

C. S. Lewis escribió que una de sus reglas sobre la oración es «orar sin palabras cuando puedo, pero recurrir a las palabras cuando esté cansado o bajo de energía».*

La cuestión es que nunca debes evitar la oración por no saber cómo poner tus peticiones en palabras. Solo ve a Dios como eres. Siéntate ante él, déjalo entrar. Eleva tu espíritu hacia el suyo, y todo se despejará, para ti y para Dios.

. . . .

Vengo a ti, Señor, para tener una conversación de espíritu
a espíritu, descansando en tu presencia, sabiendo que tú
entenderás todo lo que hay dentro de mí. Amén.

*C. S. Lewis, *The Collected Letters of C. S. Lewis, Volume III: Narnia, Cambridge, and Joy 1950–1963*. Copyright © 2007 por C. S. Lewis Pte. Ltd. Todos los derechos reservados. Usado con permiso de HarperCollins Publishers. *Yours, Jack: Spiritual Direction from C. S. Lewis*. Copyright © 2008 por C. S. Lewis Pte. Ltd. Todos los derechos reservados. Usado con permiso de HarperCollins Publishers.

LA REALIDAD DE LA FE

Ahora bien, la fe es la certeza de lo que se espera,
la convicción de lo que no se ve.
HEBREOS 11.1 LBLA

La preocupación es a menudo provocada por el miedo, que algunos definen como una falsa evidencia que parece real. Sin embargo, Dios quiere que superes esas preocupaciones y miedos con fe en él y en su Palabra. La fe no es una ilusión, sino saber que Dios hizo ciertas promesas y que las cumplirá. Así que puedes aceptarlas como tu realidad presente aunque todavía no las percibas.

Cuando lees la Biblia, empiezas a ver y entender que todo lo que Dios ha dicho y prometido se cumplió para aquellos que creyeron. Y este mismo hecho se aplica para ti hoy. Así que deja de lado los miedos y preocupaciones, y apégate a la fe y a la esperanza. Dios ya está trabajando a tu favor, transformando sus promesas en tu realidad, incluso mientras lees estas palabras.

....

Yo creo, Señor. Creo.

CREER CON VALENTÍA

Si a alguno de ustedes le falta sabiduría, pídasela a Dios,
y él se la dará; pues Dios da a todos sin limitación
y sin hacer reproche alguno.
SANTIAGO 1.5 DHH

A Dios le encantan las personas valientes que se acercan a él creyendo, que no tienen dudas de que Dios les dará la sabiduría y la ayuda que necesitan justo cuando la necesiten.

En este capítulo, Santiago (el hermano de Jesús) continúa hablando de los que tienen dudas, escribiendo: «Pero tiene que pedir con fe, sin dudar nada; porque el que duda es como una ola del mar, que el viento lleva de un lado a otro. Quien es así, no crea que va a recibir nada del Señor, porque hoy piensa una cosa y mañana otra, y no es constante en su conducta» (Santiago 1.6–8 DHH). En otras palabras, Dios se deleita en las personas que se acercan a él con fe, sin dudar en sus mentes.

Pide y cree, y recibirás toda la guía y ayuda que necesitas del Señor, confiando en él más que en tu mundo o en tus propias habilidades.

....

Señor, confío en ti, y solo en ti, para la ayuda
y la sabiduría que necesito. Muéstrame el camino.

PALABRAS DE VIDA

Recuerda la palabra que diste a este siervo tuyo: en ella me
hiciste poner la esperanza. Éste es mi consuelo en la tristeza:
que con tus promesas me das vida.
SALMOS 119.49–50 DHH

Cuando pasas por un momento difícil, agobiada por las preocupaciones, solo hay un lugar donde puedes encontrar consuelo: la Palabra de Dios. Solo allí encontrarás tu fuerza, alimento, consuelo y esperanza.

Si estás tan preocupada que ni siquiera puedes pensar, el mejor libro de la Biblia al que puedes acudir es el de Salmos. Es como leer el diario personal de alguien. Los salmistas escriben sobre sus problemas, miedos, dudas, preocupaciones y dificultades. Sin embargo, encuentran razones para alabar a Dios por todas las cosas maravillosas que está haciendo y ha hecho en el pasado y están seguros de que lo hará en el futuro.

Aférrate a las palabras de Dios. Hablarán a tu corazón, elevarán tu espíritu y calmarán tu alma.

....

Querido Dios, anhelo tu consuelo. Muéstrame en
tu Palabra lo que deseas que lea, que sepa
y que estudie. ¡Sostenme con tus preciosas palabras!

PUESTOS LOS OJOS EN JESÚS

*Por tanto, puesto que tenemos en derredor nuestro tan gran
nube de testigos, despojémonos también de todo peso y del
pecado que tan fácilmente nos envuelve, y corramos con
paciencia la carrera que tenemos por delante, puestos los ojos
en Jesús, el autor y consumador de la fe, quien por el gozo
puesto delante de Él soportó la cruz, menospreciando la
vergüenza, y se ha sentado a la diestra del trono de Dios.*
HEBREOS 12.1–2 LBLA

Aunque el versículo de hoy parece extraordinariamente largo, va directo al grano del tema de la preocupación y de lo
que hay que hacer al respecto.

Muchos seguidores de la fe que vivieron antes que tú
han comprobado la verdad de Dios. Su ejemplo debería ser
suficiente para impulsarte a despojarte de la preocupación
y de cualquier otra cosa que te impida caminar en Cristo.
Considera la preocupación como una distracción, algo que te
impide vivir en la luz y la verdad de Dios. Y mira a Jesús como
tu punto central, en tu vida y en tu oración.

....

*Jesús, gracias por salvarme no solo de la muerte, sino de los
miedos y preocupaciones que vienen con ser mujer.
Ayúdame a mantener mis ojos solo en ti y a caminar
por tu senda en la verdad.*

COMPAÑEROS DE PREOCUPACIÓN

La paz os dejo, mi paz os doy;
no os la doy como el mundo la da.
No se turbe vuestro corazón, ni tenga miedo.
Juan 14.27 lbla

Últimamente te has encontrado en una buena situación, entregando cada día tus preocupaciones a Dios y buscando la paz de Jesús a través de la oración. Pero después viene alguien que se desahoga con sus propias preocupaciones. Antes de que te des cuenta, las preocupaciones que creías haber dejado atrás están resurgiendo. ¿Qué puede hacer una mujer?

Sé una buena oyente, pero no dejes que los miedos de los demás provoquen los tuyos propios. Simplemente ora por tu prójimo preocupado, con la comprensión de que sus preocupaciones son lo que ellos ven como verdad. Pero tú lo sabes mejor. Porque tu verdad está en la Palabra de la vida. Tienes a Jesús para darte la paz que necesitas y la sabiduría para saber que, en Dios, todo está realmente bien.

¡Contigo, Jesús, soy una compañera de guerra,
no de preocupaciones!

UNA GRAN CALMA

Y levantándose, reprendió al viento, y dijo al mar:
¡Cálmate, sosiégate! Y el viento cesó, y sobrevino una gran
calma. Entonces les dijo: ¿Por qué estáis amedrentados?
¿Cómo no tenéis fe?
MARCOS 4.39–40 LBLA

Jesús sugirió que él y los discípulos llevaran las barcas al otro lado del lago. En el camino, Jesús se durmió en la popa ¡incluso después de que se levantara una gran tormenta y el agua comenzara a inundar los botes!

Entonces los discípulos despertaron a Jesús, diciendo: «¿No te importa que perezcamos?». Fue entonces cuando Jesús se levantó, calmó la tormenta, y luego les preguntó a los discípulos: «¿Cómo no tenéis fe?».

Cuando las preocupaciones empiecen a inundar tu vida, deja que te sostenga la fe. Recuerda el amor y el poder de Jesús y las palabras del pastor Lloyd John Ogilvie, quien dijo: «A veces el Señor sufre la tormenta con nosotros y otras veces calma el mar revuelto que nos rodea. Sobre todo, él calma la tormenta que está dentro de nosotros en lo más profundo de nuestra alma».

....

Señor, calma la tormenta en mi interior.

BUENA ESPIRITUALIDAD

Estad siempre gozosos; orad sin cesar;
dad gracias en todo, porque esta es la voluntad de Dios
para vosotros en Cristo Jesús.
1 Tesalonicenses 5.16–18 lbla

El inventor William Painter dijo: «Dar las gracias es más que buenos modales. Es buena espiritualidad». El apóstol Pablo, autor de Tesalonicenses, está completamente de acuerdo.

En lugar de preocuparse, Dios quiere que te regocijes continuamente, que ores sin cesar y que le des gracias a Dios «en todo», sin importar las circunstancias. Esto puede parecer una tarea muy difícil, pero si eso es lo que Dios quiere y desea que hagas, te dará el poder y la fuerza para hacerlo. Además, si empiezas a pasar todo tu tiempo regocijándote, orando y agradeciendo a Dios, ¡no tendrás tiempo para preocuparte!

....

Ayúdame, Señor, a buscar la alegría constante en ti.
A orar sin cesar, entregándote mis preocupaciones
tan pronto como entren en mi mente y dejándolas
en tus manos. ¡Te doy las gracias sin importar
lo que pase o cuándo pase!

RECUPERAR EL PUNTO DE APOYO DE LA FE

No bien decía: «Mis pies resbalan»,
cuando ya tu amor, SEÑOR, venía en mi ayuda.
Cuando en mí la angustia iba en aumento,
tu consuelo llenaba mi alma de alegría.
SALMOS 94.18–19 NVI

Cuando empieces a preocuparte, cuando tus pasos de fe empiecen a perder su fuerza, díselo a Dios. Reconoce que su bondad y compasión te *ayudarán* a recuperar tu posición. Permite que sus palabras calmen tu alma y alimenten tu espíritu.

No importa cuándo te ataquen las preocupaciones, problemas o peligros, Dios está ahí contigo en medio de las situaciones. Él promete que nunca se irá de tu lado.

Norman Vincent Peale escribió: «Recuerda con frecuencia que Dios está contigo, que nunca te fallará, que puedes contar con él. Di estas palabras: "Dios está conmigo, ayudándome". Mientras pronuncias estas palabras, visualiza a Dios a tu lado, y tu fe prevalecerá».

....

Señor, gracias por estar siempre ahí cuando te necesito,
amándome, sosteniéndome, ayudándome
y calmando mi alma.

CONOCER A DIOS

*«No se preocupen por el día de mañana, porque mañana
habrá tiempo para preocuparse. Cada día tiene bastante
con sus propios problemas».*
MATEO 6.34 DHH

La imaginación humana te desvía de tu camino presentándote una multitud de escenarios diferentes que pueden o no convertirse en tu realidad. Pero Jesús dice que la atención del creyente debe centrarse en Dios y en dónde está obrando hoy, en este momento, no en el mañana y sus incertidumbres, sabiendo que cuando sea necesario Dios ayudará en lo que sea que suceda.

¿Pero cómo vas a llegar allí desde aquí? Acércate a Dios. Aprende todo lo que puedas sobre él. Conócelo. Tus preocupaciones por el futuro huirán.

La autora Corrie ten Boom dijo: «Nunca tengas miedo de confiar un futuro que no conoces a un Dios que conoces». Sabias palabras para la mujer de hoy y de mañana.

....

*Ayúdame, Señor, a mantener mi atención en ti y en lo que estás
haciendo ahora mismo. Te confío mi futuro desconocido a ti,
el Dios que conozco y amo.*

REFUGIO, ESCUDO, ESPERANZA Y PAZ

Tú eres mi refugio y mi escudo; tu palabra
es la fuente de mi esperanza…
Los que aman tus enseñanzas tienen mucha paz
y no tropiezan.
SALMOS 119.114, 165 NTV

Cuando estés preocupada, perdida y confundida, cuando no sepas a dónde ir o a quién acudir, acude a Dios y busca en su Palabra. Allí encontrarás el refugio que tan desesperadamente buscas, la seguridad que necesitas, la esperanza que deseas y la brújula que anhelas.

Puedes correr hacia Dios sin importar dónde estés, porque él está tan cerca de ti como tu propio aliento. Dentro de su presencia y su poder, estarás protegida. Ahí puedes esperar hasta que hayas obtenido su paz y sabiduría, hasta que sepas qué decir o qué hacer. Dios hablará a tu corazón. Se asegurará de que no tropieces al seguir sus instrucciones y al dar los pasos siguientes.

....

Gracias, Señor, por ser mi constante refugio, mi escudo y mi esperanza. Solo en tu palabra encuentro sabiduría y paz.

EL QUE ABRE LOS OJOS, LOS CORAZONES Y LA PALABRA

«¿No ardía nuestro corazón en nosotros, mientras nos hablaba en el camino, y cuando nos abría las Escrituras?».
LUCAS 24.32 RVR1960

Después de la muerte de Jesús, dos de sus discípulos, confusos y tristes, se dirigían a Emaús y hablaban de lo que había sucedido. Mientras caminaban, Jesús se les unió, pero no lo reconocieron. Al escuchar lo que contaban sobre él, Jesús «les declaraba en todas las Escrituras lo que de él decían» (Lucas 24.27 RVR1960). Más tarde, cuando partió el pan con ellos, «les fueron abiertos los ojos, y le reconocieron» (Lucas 24.31 RVR1960), y Jesús desapareció. Fue entonces cuando se dieron cuenta de por qué sus corazones ardían mientras les hablaba.

Como esos discípulos, a veces te puedes sentir confusa, sola y preocupada por lo que ha pasado o por lo que va a pasar. Pero puedes estar tranquila, porque Jesús se acerca a ti para explicarte las cosas. Él te dará esperanza, ya que todavía camina y habla contigo.

....

Jesús, a veces me siento sola. Ayúdame a reconocer tu presencia que me acompaña. Abre mis ojos y mi corazón mientras busco tu Palabra.

EL BRAZO DE DIOS

Oh Señor, ten piedad de nosotros; en ti hemos esperado.
Sé nuestra Fortaleza cada mañana.
ISAÍAS 33.2 LBLA

El autor E. M. Bounds escribió: «Si Dios no es lo primero en nuestros pensamientos y en nuestros esfuerzos por la mañana, estará en el último lugar el resto del día». La Biblia dice que el rey David buscaba la guía de Dios a través de la oración matutina (ver Salmos 143.8). Incluso Jesús, mucho antes de que saliera el sol, se iba solo a un lugar desierto y oraba a Dios (ver Marcos 1.35).

Es obvio que empezar el día con una oración, buscando hacer que sea Dios, y no tú misma, tu guía principal y donde pones tu mirada te coloca en el camino correcto. Antes de que salgas por la puerta, estarás armada con la fuerza, la protección y el poder salvador de Dios. El volumen de su voz en tu corazón, mente y alma se elevará por encima de todos los demás sonidos y ruidos, manteniendo tus pies en el camino correcto y las preocupaciones y otros distractores a raya (ver Isaías 33.3).

....

Señor, sé mi fuerza y mi defensa cada mañana.

SABIDURÍA EN LUGAR DE PREOCUPACIÓN

Atiende a mis palabras, hijo mío; préstales atención.
Jamás las pierdas de vista, ¡grábatelas en la mente!
Ellas dan vida y salud a todo el que las halla.
PROVERBIOS 4.20–22 DHH

David escribe que la preocupación lleva al peligro y al daño (ver Salmos 37.8). Su hijo Salomón te dice que la sabiduría de Dios conduce a una vida asombrosa. Así que, si quieres tener la mejor vida, profundiza en la sabiduría de Dios. La encontrarás en toda la Biblia, pero especialmente en Proverbios. En ese libro, el rey Salomón aporta una visión de cómo tratar con los asuntos cotidianos, incluidos cómo trabajar, actuar, hablar, pensar, frenar tu ira, y mucho más.

En los versículos anteriores, Salomón sugiere con firmeza que aprendas algunos versículos de memoria. Tal vez podrías empezar leyendo Proverbios cada día. Cuando llegues a un versículo que te hable de verdad, que te proporcione guía o paz sobre una situación, memorízalo. Antes de darte cuenta, la sabiduría de Dios estará en el lugar de tu preocupación.

....

Quiero vivir una vida buena, Señor.
¡Ayúdame a reemplazar mi preocupación por tu Palabra!

EVITAR LAS PREOCUPACIONES

SEÑOR, Dios de mi salvación, día y noche clamo
en presencia tuya. Que llegue ante ti mi oración;
dígnate escuchar mi súplica.
SALMOS 88.1–2 NVI

Cynthia Lewis dice: «Si tu día está lleno de oraciones, es menos probable que se desmorone». Demos un paso más y digamos que, si tu día está lleno de oraciones, ¡es menos probable que *te* desmorones!

Lo más común es que te laves los dientes por la mañana y otra vez por la tarde. Te enseñaron a hacerlo cuando eras una niña y ahora lo haces automáticamente, sin siquiera pensarlo. Y eso es algo bueno, porque cepillarse los dientes ayuda a prevenir las caries.

Así que ¿por qué no empiezas la práctica de orar por la mañana y luego otra vez por la tarde? Al hacerlo día tras día, también se convertirá en un hábito. Y será algo bueno porque esa práctica te ayudará a evitar las preocupaciones, ¡proporcionándote una mente centrada durante el día y una mente descansada por la noche!

....

Señor, deja que mi oración entre
en tu amada presencia día y noche.

SOLO DIOS SABE

Pues Dios ve no como el hombre ve, pues el hombre mira
la apariencia exterior, pero el Señor mira el corazón.
1 Samuel 16.7 LBLA

Todo el mundo quiere sentirse querido. Es natural. Sin embargo, pueden surgir problemas cuando asumes que sabes lo que otra persona piensa de ti o sobre tus ideas, comentarios y sugerencias, y empiezas a preocuparte por lo que haces para agradarle.

Aunque la gente puede darte pistas –a través de la expresión, la voz, el lenguaje corporal, la actitud o el comportamiento– sobre cómo piensan o se sienten respecto a ti, solo Dios puede ver realmente dentro de los corazones y las mentes de las personas para saber lo que realmente están pensando (ver 1 Reyes 8.39; Juan 2.24–25; Mateo 9.4).

Dios no quiere que te preocupes por las opiniones o pensamientos de los demás ni que dejes que te impidan llegar a lo que él te está llamando a hacer o decir. Tu parte es complacerlo solo a él (ver 1 Tesalonicenses 2.4). Él se encargará del resto.

Ayúdame, Señor, a no preocuparme por lo que otros puedan
pensar sobre mí, ¡solo quiero vivir para ti y servirte!

LA PAZ DEL REINO DE DIOS

*Y que el mismo Señor de paz siempre os conceda paz
en todas las circunstancias. El Señor sea con todos vosotros.*
2 Tesalonicenses 3.16 lbla

El filósofo Michel de Montaigne, que vivió en el siglo dieciséis, dijo: «Mi vida ha estado llena de terribles desgracias, la mayor parte de ellas nunca ocurrieron». Lo más probable es que, si miraras de cerca tu propia vida, coincidirías con este filósofo.

Hay estadísticas actuales que respaldan la declaración de Montaigne. Un estudio reciente dice que el 40 % de las cosas de las que te preocupas nunca sucederán; el 30 % están en el pasado, que no puedes cambiar; el 12 % son preocupaciones innecesarias sobre tu salud; y el 10 % son preocupaciones triviales que caen en la categoría de asuntos varios. Eso te deja con un 8 % de preocupaciones que tienen sustancia real en tu vida.

Así que diles a tus preocupaciones que se larguen y tú anda por el camino de la paz de Dios.

. . . .

*Señor de la paz, lléname con tu presencia y la paz de tu reino
en todo momento y de todas las formas posibles,
sea lo que sea lo que venga.*

SIEMPRE AHÍ

Aunque mi padre y mi madre me abandonen,
el Señor me mantendrá cerca.
SALMOS 27.10 NTV

Las relaciones con los demás pueden ser difíciles a veces. Por algún malentendido u ofensa intencionada, algunos miembros de la familia pueden distanciarse. Otros pueden divorciarse. Incluso puedes quedarte sin amigos. Y luego, por supuesto, pierdes a algunos seres queridos a causa de la muerte.

Sin embargo, no hay necesidad de preocuparse por la soledad. Incluso si tu madre y tu padre te abandonan, Dios siempre estará ahí para tenerte cerca. Porque él, tu eterno y amoroso Padre, promete acogerte y cuidarte. Y su Hijo, tu amigo Jesús, se mantendrá tan cerca de ti como un hermano (ver Proverbios 18.24).

Cuando te sientas completamente sola, incluso en una habitación llena de gente, no te preocupes. Ve con Dios. Disfruta de su presencia. Siente su luz y su amor en tu interior. Nunca te dejará sola.

....

Gracias, Señor, por ser el amor y la luz que está
siempre conmigo, de principio a fin. Abrázame mientras
me recuesto en tus brazos.

MOMENTO A MOMENTO

*Todo lo que hagan, háganlo de buena gana, como si
estuvieran sirviendo al Señor Jesucristo y no a la gente.
Porque ya saben que Dios les dará, en recompensa, parte de
la herencia que ha prometido a su pueblo. Recuerden que
sirven a Cristo, que es su verdadero dueño.*
COLOSENSES 3.23–24 TLA

¿Estás viviendo en el futuro o en el momento presente?

En su libro *El peso de la gloria*, C. S. Lewis escribe: «El
trabajo feliz lo hace mejor el hombre que asume sus planes a
largo plazo con cierta ligereza y trabaja poco a poco "como
para el Señor". Únicamente se nos anima a pedir nuestro pan
diario. El presente es el único tiempo en el cual se puede cumplir cualquier deber o se puede recibir cualquier gracia».*

Cuando la preocupación comience a entrar en tu día,
comprueba dónde estás viviendo. Si es en el futuro, da un
paso atrás. Luego pídele a Dios que te lleve al momento presente. Él te hará volver a tu ruta.

....

*Señor, ayúdame a seguir viviendo el momento presente,
donde tú y mi paz residen.*

* C. S. Lewis, *El peso de la gloria* (Nashville, TN: HarperCollins Español, 2016), p. 63.

HAZLE UNA LLAMADA A DIOS

Porque tú, Señor, eres bueno y perdonador, y grande en misericordia para con todos los que te invocan. Escucha, oh Jehová, mi oración, y está atento a la voz de mis ruegos. En el día de mi angustia te llamaré, porque tú me respondes.
SALMOS 86.5–7 RVR1960

Nadie es perfecto, excepto Dios, por supuesto. Sin embargo, tú eres un simple ser humano. Estás destinada a cometer algunos errores. Probablemente habrá momentos en los que te culpes a ti misma, a Dios o a otra persona. Antes de darte cuenta, estarás atrapada en un torbellino de preocupación: sobre los efectos de tu tropiezo, lo que Dios y los demás pueden estar pensando de ti (y tus palabras y acciones), cómo o qué dirás cuando pidas perdón, etcétera.

Para liberarte de este torbellino de preocupaciones, clama a Dios. Recuerda que Dios es perdonador, y lo mucho que te ama. Pídele que escuche tu oración y que te conceda su perdón, y luego espera su respuesta.

....

Señor, te invoco a ti, contando con tu amor y tu perdón. Escucha mi oración. Dime cómo manejar esta situación.

BIEN EMPLEADO

Estudia constantemente este libro de instrucción.
Medita en él de día y de noche para asegurarte de obedecer
todo lo que allí está escrito. Solamente entonces prosperarás
y te irá bien en todo lo que hagas.
Josué 1.8 ntv

A diferencia de la preocupación, ¡la meditación te ayudará a prosperar y a tener éxito! Puede que te resulte difícil salir del mundo y entrar en Dios. Afortunadamente, los que nos precedieron están aquí para ayudar. Sobre la meditación, san Francisco de Sales aconseja:

Si el corazón se desvía o se distrae, llévalo de vuelta
al lugar muy suavemente y reemplázalo con ternura
en la presencia de su Señor. E incluso si en toda una
hora no has hecho nada más que traer de vuelta a
tu corazón a la presencia de nuestro Señor, porque se
iba cada vez que lo traías, esa hora habrá estado muy
bien empleada.

Si no tienes experiencia en meditar, comienza con cinco minutos al día, y luego diez. Pronto hallarás la paz que deseas.

....

«Que las palabras de mi boca y la meditación de mi corazón
sean de tu agrado» (Salmos 19.14 ntv).

CAMINOS DESCONOCIDOS

*Conduciré a los ciegos por caminos desconocidos, los guiaré
por senderos inexplorados; ante ellos convertiré en luz las
tinieblas, y allanaré los lugares escabrosos.
Esto haré, y no los abandonaré.*
ISAÍAS 42.16 NVI

Preocuparse por lo que puede suceder en el futuro, por lo
que hay que hacer en el presente, o por cómo superar el
pasado puede hacerte sentir como si estuvieras a ciegas, caminando en la oscuridad, perdida y confundida. Sin embargo,
no tienes que preocuparte por tropezar en la oscuridad, por
ser incapaz de ver el camino que tienes por delante, porque
Dios promete guiarte por caminos desconocidos. ¡De hecho,
él transformará la oscuridad en luz ante tus ojos! Hará que
los lugares rocosos sean más fáciles. Y nunca te abandonará.

Dios promete que siempre estará contigo, así que puedes
dejar de preocuparte y puedes decir junto con la autora Mary
Gardiner Brainard: «Prefiero caminar con Dios en la oscuridad que ir sola con luz».

....

*¡Estoy contigo, Señor, hasta el final!
¡Llévame por tu camino, en tu luz!*

DIOS VA UN PASO ADELANTE

Les responderé antes que me llamen.
Cuando aún estén hablando de lo que necesiten,
¡me adelantaré y responderé a sus oraciones!
ISAÍAS 65.24 NTV

¡Qué maravilloso es tener un Dios que te responde antes incluso de que clames a él! Que, mientras estás ocupada con tus preocupaciones, presentando a Dios tus escenarios hipotéticos, y tratando de poner palabras a todo lo que sientes y te preocupa, ¡él ya está respondiendo a tus peticiones!

¡Así es Dios! ¡Tanto se preocupa por ti! Si memorizas el versículo de hoy y lo crees de verdad, puedes dejar de lado cualquier preocupación que se te presente. Confiarás en aquel que responde antes de que hables, aquel que ve todas las preocupaciones, problemas y penas y que está listo para ayudar, resolver y consolar.

....

Señor, retomo mi escudo de fe en ti, sabiendo
que ya vas por delante de mí, respondiendo a mi oración,
resolviendo mi problema y sanando mi corazón.
¡Alabo tu nombre!

VIVIR SIN PREOCUPACIONES

Humíllense, pues, bajo la poderosa mano de Dios,
para que él los enaltezca a su debido tiempo.
Dejen todas sus preocupaciones a Dios,
porque él se interesa por ustedes.
1 Pedro 5.6–7 dhh

Dios no quiere que te preocupes por los quién, qué, cuándo, dónde, cómo y por qué en tu vida. No quiere que seas infeliz donde estás ahora mismo, en este momento. Quiere que confíes totalmente en él, que sepas y creas que tiene un plan para tu vida y que es mucho mejor que cualquier cosa que hayas soñado o imaginado.

La misma mano poderosa que Dios usó para separar las aguas y conducir a los israelitas fuera de Egipto y a la tierra prometida es la misma mano que está ahora sobre ti.

Confía en el tiempo de Dios. Vive sin preocupaciones ante él, entregándole todas tus preocupaciones a él. Eres su preciosa posesión. Él te acuna, te ama, te protege. Solo descansa y relájate en él.

....

Toma mis preocupaciones, Señor. Abrázame
hasta que pueda sentir tu paz, tu amor
y tu mano fuerte sobre mí.

DECÍDETE

Me alegro de ser débil, de ser insultado y perseguido,
y de tener necesidades y dificultades por ser fiel a Cristo.
Pues lo que me hace fuerte es reconocer que soy débil.
2 CORINTIOS 12.10 TLA

Dios otorga muchos regalos a sus fieles seguidores, uno de ellos es que no importa lo débil que seas, no importa cuánto sufras o con qué frecuencia te preocupas, tus mismas debilidades le dan a Cristo la oportunidad de brillar a través de ti. Para que esta fórmula funcione, no obstante, debes tener fe y luego decidirte a vivirla.

Dios se mueve cuando te sientes verdaderamente indefensa. Él provee cuando no te quedan más recursos. Él te dará el poder para superar todas las cosas, incluso la preocupación. Así que regocíjate en Dios, dándole gracias pase lo que pase. Él tiene toda la fuerza que necesitas para triunfar, ¡y para su gloria!

¡Ya me he decidido, Señor! Voy a estar contenta
¡no importa lo que pase! ¡En ti tengo la fuerza
para soportar cualquier cosa!

DIOS SUPLE TUS NECESIDADES

El Señor es mi pastor, nada me faltará.
En lugares de verdes pastos me hace descansar;
junto a aguas de reposo me conduce.
Salmos 23.1–2 lbla

En 1943, Abraham Maslow propuso una teoría en psicología llamada la jerarquía de necesidades de Maslow. Explicó que hay cinco niveles de necesidades humanas. Las personas deben tener satisfecho el primer nivel, el fisiológico –alimento, agua, calor y descanso–, antes de poder atender las necesidades posteriores.

Sorprendentemente, esas son las *mismas* necesidades que David menciona en los dos primeros versos del Salmo 23. El salmista dice que no necesita nada porque Dios es su pastor que lo alimenta, guía y protege. Él hace que David se acueste y descanse. Él lleva a David al agua.

Así que no hay «necesidad» de preocuparse por cómo se cubrirán tus necesidades. ¡Dios se encargará de todo! ¿Por qué? Porque él no es un pastor cualquiera, ¡es el *Gran* Pastor!

Saber que tú cubrirás todas mis necesidades es un alivio
para mi mente, Señor. ¡Gracias por ser mi Gran Pastor!

DIOS CAMINA CONTIGO

Aunque pase por el valle de sombra de muerte,
no temeré mal alguno, porque tú estás conmigo;
tu vara y tu cayado me infunden aliento.
SALMOS 23.4 LBLA

Dios no solo satisface tus necesidades humanas básicas de comida, agua, abrigo y descanso, sino que también camina contigo, equipándote con dos herramientas para asegurarse de que estás a salvo y de que vas por el camino correcto. Utiliza la primera herramienta, su vara de pastor, para evitar cualquier fuerza, poder o maldad que amenace tu vida. Utiliza la segunda, su vara, para guiarte a través de la oscuridad y hacia el verdadero camino.

Así que la próxima vez que estés preocupada por tu seguridad o por dónde dar el siguiente paso, ora a Dios –el Padre y Pastor todopoderoso que te ama y te adora– recordando que está bien equipado para protegerte y más que listo para guiarte.

....

Señor, siento tu presencia a mi lado.
Contigo caminando a mi lado, sé que estaré a salvo
y que iré por el camino correcto.

DORMIDAS Y DESPIERTAS EN DIOS

Cuando andes, te guiarán; cuando duermas, velarán por ti;
y al despertarte, hablarán contigo.
PROVERBIOS 6.22 LBLA

L os padres de algunas personas se aseguran de que sus hijos sean educados en las poderosas palabras de Dios. Otros
padres no lo hacen, pero es de esperar que un niño termine
aprendiendo la sabiduría de Dios a través de padres «espirituales». De cualquier manera, conocer la Palabra de Dios y
seguirla puede evitar que tú, hija de Dios Padre, dejes que tus
preocupaciones se descontrolen.

Dondequiera que vayas, deja que la Palabra de Dios te
conduzca por el camino correcto. Mientras duermes, permite
que te consuele y te proteja. Y cuando te despiertes, busca la
Palabra de Dios a través de la lectura y su voz a través de la
oración, permitiendo que ambas te hablen y te den toda la
sabiduría que necesitas para no tropezar, para tomar las decisiones que Dios quiere que tomes a lo largo del día.

....

Padre celestial, ayúdame a apoyarme en tu Palabra.
Háblame, guíame, consuélame y protégeme.

LA MUJER ADECUADA PARA EL TRABAJO

Pero Moisés le dijo a Dios: —¿Y quién soy yo para presentarme
ante el faraón y sacar de Egipto a los israelitas?
—Yo estaré contigo —le respondió Dios.
ÉXODO 3.11–12 NVI

Dios se le apareció a Moisés desde una zarza ardiente para decirle que liberara a su pueblo. Pero Moisés se sentía inseguro y dubitativo, así que le preguntó a Dios: «¿Quién soy yo para ir?». Y se le ocurrieron un montón de excusas por las que no era el hombre adecuado para este trabajo.

Tal vez Moisés no sabía que a quien Dios llama está ya preparado.

Moisés era el único hebreo que podía presentarse ante el faraón porque había sido un príncipe egipcio durante cuarenta años. Y, habiendo pasado otros cuarenta años pastoreando en el desierto, Moisés estaba familiarizado con el terreno. Además, Dios dijo que estaría con él.

¿Dios te está llamando a hacer algo de lo que no estás segura de poder hacer? ¿Te preocupa ser incapaz de manejarlo? No te preocupes. Toda persona a la que Dios llama está preparada. Y, así como estuvo con Moisés, Dios está contigo.

....

Señor, sé que me has preparado para estar
donde tú me llames. Ayúdame a confiar en ti.

¿QUÉ TIENES EN LA MANO?

Moisés respondió, y dijo: ¿Y si no me creen, ni escuchan
mi voz? Porque quizá digan: «No se te ha aparecido
el Señor». Y el Señor le dijo: ¿Qué es eso que tienes
en la mano? Y él respondió: Una vara.
ÉXODO 4.1–2 LBLA

Así que Dios te ha llamado y, como Moisés, todavía tienes preocupaciones y dudas. Es entonces cuando Dios señala las herramientas que ya tienes, con las que estás muy familiarizada, las que tienes en tu mano o en tu compañía.

Para Moisés, una herramienta era su vara de pastor, que más tarde usaría para separar las aguas, guiar al pueblo, golpear la roca, convertir los ríos en sangre. Tu herramienta podría ser un bolígrafo, una voz, un talento, un vehículo, una aguja de tejer. Otra de las herramientas de Moisés era su hermano, Aarón, que sabía hablar muy bien.

En lugar de preocuparte por cómo vas a hacer algo, mira a ver qué tienes en tus manos o a quién tienes a tu lado. Ora para que Dios te revele tus herramientas, y luego úsalas.

....

Señor, ¿qué quieres que use para servirte? ¡Revélame
todas mis herramientas para tu gloria!

DESEOS CUMPLIDOS

Y cualquiera cosa que pidiéremos la recibiremos de él, porque
guardamos sus mandamientos, y hacemos las cosas que son
agradables delante de él. Y este es su mandamiento:
Que creamos en el nombre de su Hijo Jesucristo,
y nos amemos unos a otros como nos lo ha mandado.
1 JUAN 3.22–23 RVR1960

¿Te preocupa no conseguir aquello por lo que has estado orando? No te preocupes. *Tendrás* lo que deseas si sigues las instrucciones de Dios y haces lo que le agrada.

Eso significa que debes creer en Jesús: que caminó sobre esta tierra, fue el Hijo de Dios, hizo milagros, estaba lleno de sabiduría y es el ejemplo que debes seguir. El segundo mandamiento es amar a los demás, incluidos Dios y tú misma.

Cuando cumples esos requisitos, cuando tienes la fe que Dios manda, vives en la voluntad de Dios y pides las cosas que Dios espera que pidas ¡él está listo y esperándote!

Examina tu vida. Habla con Dios. Vive a su manera. ¡Y tus deseos se cumplirán con creces!

....

Ayúdame a examinar mi vida, Señor.
Quiero vivir y orar a tu manera.

TODO ESTÁ BIEN

—No te preocupes —contestó ella.
2 Reyes 4.23 dhh

Una mujer sin hijos se esforzó por proveer una habitación donde Eliseo, un hombre de Dios, pudiese descansar cuando viniese a la ciudad. Para compensarla, Eliseo le dijo que tendría un bebé. Y así fue, tuvo un niño. Pero luego murió. Así que puso a su hijo en la cama de Eliseo y lo fue a buscar. Cuando su marido le preguntó por qué salía, ella simplemente dijo: «No te preocupes». Cuando el sirviente de Eliseo le preguntó si algo andaba mal (ver 2 Reyes 4.26 rvr1960) le dijo algo parecido, que todo estaba bien. Y al final, todo *estaba* bien, porque Eliseo trajo al niño de vuelta a la vida.

Imagina lo que hubiera pasado si se hubiera quedado paralizada por la preocupación. Si hubiera seguido repitiendo: «Todo está mal». ¿Qué aprendemos? Debemos imitar a esta mujer. No importa lo que esté pasando, debes saber que Dios tiene un plan. De alguna manera, él hará que todo salga bien.

....

Señor, sé que haces que todas las cosas sean para tu gloria.
Ayúdame a asimilar la idea de que no importa lo que me
parezca a mí, en ti todo está bien.

MANOS QUE ORAN

Mas tú, oh Señor, eres escudo en derredor mío, mi gloria,
y el que levanta mi cabeza [...]. Yo me acosté y me dormí;
desperté, pues el Señor me sostiene. No temeré...
SALMOS 3.3, 5–6 LBLA

El mundo puede ser un lugar bastante aterrador. Ya lo es lo suficiente como para ponerte nerviosa, para hacer que te preocupes por lo que puede pasar a la vuelta de la esquina. Pero, afortunadamente para ti, Dios está de tu lado.

Imagina que Dios es un escudo que te rodea totalmente. Que te honra con su compañía. Que te da gozo y te libera, incluso en los peores momentos, para que mantengas la cabeza por encima de las aguas.

En lugar de retorcerte las manos de preocupación, pliégalas y ora. Descansa y duerme tranquila, sabiendo que Dios te sostiene. Con él a tu lado, no tienes que tener miedo. ¡Su bendición y su amor están sobre ti!

....

Tú eres mi escudo, Señor. Me llenas de alegría
y mantienes mi cabeza en el lugar correcto.
Sabiendo que me sostienes, descanso y duermo tranquila.
Al orar, mis temores se desvanecen.

OBSERVA Y ESPERA

Oh Señor, de mañana oirás mi voz;
de mañana presentaré mi oración a ti,
y con ansias esperaré.
SALMOS 5.3 LBLA

Uno de los mejores lugares para dejar una Biblia es justo al lado de tu cama, porque así puedes conectarte con Dios antes de que tus pies lleguen al suelo. Para ayudarte a impulsar la idea de hacer de la lectura de la Palabra un hábito matutino, comienza por leer los salmos, en concreto Salmos 5.3.

Así reconoces que Dios oye tu voz por la mañana cuando le presentas una oración a él. Ese hábito te recuerda que no solo leas algunas palabras y luego saltes de la cama, sino también que ores, que mires y esperes a que Dios le hable a tu corazón, para darte las palabras exactas que mantengan tu mente libre de preocupaciones, que den paz a tu alma y calmen tu espíritu.

....

Por la mañana oyes mi voz, oh Señor, en este momento
te presento una oración a ti. Y ahora observo
y deseo que le hables a mi corazón.

SIN ARRUGAS DE PREOCUPACIÓN

Pero alégrense todos los que en ti se refugian; para siempre
canten con júbilo, porque tú los proteges; regocíjense en ti
los que aman tu nombre.
SALMOS 5.11 LBLA

Es difícil estar alegre en Dios y de buen ánimo cuando la preocupación nubla no solo tu día, sino también tu juicio. Lo cierto es que la preocupación no solo te estropea por dentro, sino también por fuera. Has oído hablar de las arrugas de la preocupación, ¿no es verdad? ¿Quién las necesita? ¿Por qué no las cambias por las arrugas de la risa?

Hazlo hoy, corriendo hacia Dios. Confía solo en él. Pronto te encontrarás cantando y gritando de alegría. Al confiar en Dios, dejando todas tus preocupaciones en sus manos, él te cubrirá con su amor y protección y te llevará a la victoria. Mientras vives y ríes con Dios, tus arrugas de preocupación desaparecerán pronto.

....

¡Estoy corriendo hacia ti, Dios,
sabiendo que eres mi camino a la felicidad!

EL ESCUDO DE AMOR DE DIOS

Porque tú, oh Señor, bendices al justo,
como con un escudo lo rodeas de tu favor.
SALMOS 5.12 LBLA

Cuando comiences a buscar a Dios temprano, esperando que hable a tu corazón, refugiándote y confiando en él (ver Salmos 5.3, 11), no solo tus preocupaciones pasarán a un segundo plano ante la presencia de Dios en tu vida, ¡sino que él te bendecirá de muchas otras maneras! Él te mostrará cómo andar y qué decir. Él despejará el camino delante de ti, estará contigo justo donde estás y cuidará tu espalda. ¡Te rodeará con su escudo de amor y te bendecirá con su gracia!

A medida que tus preocupaciones caigan como escamas que caen de tus ojos, podrás ver todo lo que Dios está haciendo en tu vida, todas las bendiciones que está poniendo en tu camino. Tu vida estará llena de placer detrás del escudo del amor abundante de Dios.

....

Señor, rodéame con tu escudo de amor
para que mis ojos puedan ver tus bendiciones en mi vida.

BENDITA ES LA MUJER
QUE BUSCA LA SABIDURÍA

Yo doy riquezas y honra, grandes honores y prosperidad [...].
Feliz aquel que me escucha, y que día tras día
se mantiene vigilante [...]. Porque hallarme
a mí es hallar la vida y ganarse
la buena voluntad del Señor.
PROVERBIOS 8.18, 34–35 DHH

La sabiduría estaba con Dios antes de que él formara la tie-rra. Fue llevada ante los mares, montañas y cielos. Y ella está llena de todos los conocimientos y el entendimiento que necesitas para mantener las preocupaciones a raya.

Pero hay un problema. Tienes que *buscarla*. Escucharla. Encontrarte con ella cada mañana. Estar alerta de su presencia y atender a sus consejos. Cuando lo hagas, la sabiduría te bendecirá con algo más que con la riqueza material, que es fugaz en el mejor de los casos. Ella te bendecirá con riqueza espiritual. Vivirás una vida digna de ser vivida, una vida verdadera, como receptora de la gracia de Dios.

Hoy, reemplaza tu preocupación por la sabiduría de Dios, y comienza a vivir de verdad.

....

Revélame tus verdades. Dame de tu sabiduría
para ponerla en lugar de mi preocupación.

PREVALECER EN LAS PROMESAS

No tengas miedo. Ve a preparar lo que has dicho.
Pero primero, con la harina que tienes,
hazme una torta pequeña y tráemela,
y haz después otras para ti y para tu hijo.
1 Reyes 17.13 dhh

El profeta Elías se acercó a una viuda pobre que estaba recogiendo leña. Le pidió que le trajese agua y algo de comer. Ella le dijo que todo lo que le quedaba era «un puñado de harina en una tinaja y un poco de aceite en una jarra, y ahora estaba recogiendo un poco de leña para ir a cocinarlo para mi hijo y para mí. Comeremos, y después nos moriremos de hambre» (1 Reyes 17.12 dhh).

Pero Eliseo le dijo que no se preocupara, que Dios le había prometido que el aceite y la harina no se agotarían antes de que Dios enviara la lluvia para acabar con la sequía. Al oír esas palabras, la viuda dejó de lado sus preocupaciones, dejó de lado sus instintos maternales y obedeció a Elías. Durante los dos años siguientes, Dios le proveyó lo que había prometido.

Ten fe. Dios proveerá como prometió.

....

Señor, no quiero que mi fe se agote nunca.
¡Creo en ti y en tus promesas!

ORACIONES COMO FLECHAS

Me dijo el rey: ¿Qué cosa pides? Entonces oré al Dios de los
cielos, y dije al rey: Si le place al rey, y tu siervo ha hallado
gracia delante de ti, envíame a Judá, a la ciudad de los
sepulcros de mis padres, y la reedificaré.
NEHEMÍAS 2.4–5 RVR1960

Cuando Nehemías, el copero del rey de Persia, recibió la noticia de que los muros de Jerusalén había sido destruido y
sus puertas se habían quemado, lloró y ayunó y oró a Dios
durante días. Cuando posteriormente entró en la presencia
del rey, aún estaba triste. Así que el rey, al ver la cara de su
copero, le preguntó qué le pasaba. Esto asustó a Nehemías, ya
que los sirvientes debían estar alegres ante su soberano.

Así que Nehemías lanzó una flecha de oración, rápida y
a diana, a Dios, sabiendo que tendría el coraje y la guía justo
cuando la necesitara.

Presenta tus problemas a Dios tan pronto como lleguen.
Antes de que se conviertan en preocupaciones, dispara una
flecha de oración, sabiendo que tu Padre todopoderoso te espera y está listo para ayudarte.

....

Guíame a orar no solo diariamente,
sino también justo en el instante en que te necesito, Señor.
¡Hazme una mujer con oraciones como flechas!

ORACIÓN A LA HORA DE ACOSTARSE

En paz me acostaré y así también dormiré; porque solo tú,
Señor, me haces habitar seguro.
SALMOS 4.8 LBLA

El rey David, el autor del salmo de hoy, seguramente tuvo su cuota de desafíos. Como pastor, tuvo que luchar contra leones y osos para mantener a salvo las ovejas de su padre. Más tarde se enfrentó a un gigante, fue perseguido por el rey Saúl, fue traicionado por su hijo Absalón, y luchó en incontables batallas.

Tú también te enfrentas a muchos desafíos. Sin embargo, tienes un Dios–Padre–Rey–Pastor al que puedes acudir. Uno que te ha rescatado, animado, cuidado y que ha luchado por ti una y otra vez. Ha respondido a tus oraciones, te ha amado como a nadie, te ha regalado la vida eterna y te ha convertido en su hija, en una princesa. Puedes contar con él para que te mantenga a salvo, para que te cuide.

Así que, cuando tu cabeza caiga sobre la almohada, anula tus preocupaciones con la Palabra de Dios. Recuerda el versículo de hoy. Repítelo despacio, absorbiendo su poder, y hallarás la paz que necesitas para una noche de sueño reparador.

. . . .

En ti, amado Señor, encuentro la paz para dormir,
porque solo tú me mantienes sana y salva.

TEJE LA PALABRA DE DIOS EN TU INTERIOR

Hijo mío, guarda mis palabras, y atesora mis mandamientos
contigo. Guarda mis mandamientos y vivirás, y mi enseñanza
como la niña de tus ojos. Átalos a tus dedos,
escríbelos en la tabla de tu corazón.
PROVERBIOS 7.1–3 LBLA

Cuanto más y de más maneras trabajes en la Palabra de Dios en tu propio ser, menos te preocuparás. En el pasaje de hoy, Dios deja claro que debes seguir sus palabras. Guarda bien su sabiduría para que puedas usarla cuando la necesites, para mantener tus ojos fijos en las enseñanzas de su Hijo y su Espíritu Santo, y para tener escritas las palabras de Dios en la palma de tu mano y en tu corazón.

Dedica hoy tiempo a la Palabra de Dios. Pídele a Dios que te revele los versículos que él desea que escribas en tu corazón. Medita en ellos. Implántalos dentro de tu ser. Hazlos parte de ti, y te encontrarás haciendo con naturalidad lo que él quiere que hagas.

Dios, graba tus palabras en mi corazón...

ORAR POR TODOS

Exhorto, pues, ante todo que se hagan rogativas, oraciones,
peticiones y acciones de gracias por todos los hombres;
por los reyes y por todos los que están en autoridad,
para que podamos vivir una vida tranquila
y sosegada con toda piedad y dignidad.
1 TIMOTEO 2.1–2 LBLA

Seguramente hay algunas personas en posiciones de poder o autoridad con las que no estés de acuerdo o con las que te sientas incómoda. Puede que pienses que alguno de ellos llevará por el camino equivocado a tu pueblo, ciudad, estado o país. Te preocupa que no tengan los mejores intereses para ti y para los demás.

En lugar de preocuparte por lo que los líderes pueden o no hacer, el apóstol Pablo te insta a acudir a Dios. Para orar por «por los reyes y por todos los que están en autoridad» (ver 1 Timoteo 2.2 LBLA). Porque es la única manera en que podrás vivir en paz, por dentro y por fuera.

....

Quiero orar por todas las personas en todos los cargos, Señor.
Ayúdame a orar por nuestros dirigentes para poder tener tu
bendición de la paz verdadera por dentro y por fuera.

UNA ACTITUD DE CORAZÓN A CORAZÓN

*Cuando Salomón terminó de elevar estas oraciones y peticiones
al SEÑOR, se puso de pie frente al altar del SEÑOR, donde estaba
arrodillado con las manos levantadas al cielo.*
1 REYES 8.54 NTV

La oración es una forma de adoración, y cada uno tiene su
propia postura a la hora de orar. Algunos oran con los ojos
cerrados, las manos cruzadas o la cabeza inclinada. El rey
Salomón se arrodilló y levantó sus manos hacia el cielo.

El caso es no juzgar la forma en la que los demás oran ni
preocuparse por lo que los demás puedan decir sobre la forma
en que tú oras. Como dijo el reverendo Billy Graham: «No
es la postura del cuerpo, sino la actitud del corazón lo que
cuenta a la hora de orar».

Jesús le dijo a la mujer del pozo: «Pero llega la hora, y
es ahora mismo, cuando los que de veras adoran al Padre lo
harán de un modo verdadero, conforme al Espíritu de Dios.
Pues el Padre quiere que así lo hagan los que lo adoran»
(Juan 4.23 DHH).

Hoy, preséntate ante Dios para tener una charla de corazón a corazón, consciente de tu propia actitud. Busca lugares
donde puedas sentirte más a gusto contigo misma al presentarte ante Dios.

....

Aquí estoy, Señor, viniendo ante ti, tal como soy.

COMPETENTE POR DIOS

No es que nos consideremos competentes en nosotros mismos.
Nuestra capacidad viene de Dios.
2 CORINTIOS 3.5 NVI

El mundo te hace creer que para tener éxito debes tener una maestría en autosuficiencia, contando solo contigo misma para cubrir tus necesidades. Sin embargo, tal actitud te mantendría alejada de Dios, tu verdadero proveedor, el Dios que quiere que vivas en él como él vive en ti, que dependas de él para que pueda obrar a través de ti para su gloria.

Una actitud de autosuficiencia también te lleva a la preocupación por cómo vas a satisfacer todas tus necesidades y te impide orar a quien las provee.

Así que la próxima vez que la preocupación se arrastre hacia ti, mira en tu interior para ver si estás albergando una actitud de autosuficiencia. Pídele a Dios que la arranque de raíz para que puedas convertirte en la mujer que él quería al crearte. Una mujer que solo depende de él.

....

Mantenme apoyada y confiando en ti siempre, Señor,
pues sé que no puedo hacer nada sin ti.

QUIEN LLEVA TU CARGA, CADA DÍA

Bendito sea el SEÑOR, que cada día lleva nuestra carga,
el Dios que es nuestra salvación.
SALMOS 68.19 LBLA

¡Qué afortunada eres por tener un Dios que te ama tanto que no solo llevará tus cargas, sino que te llevará a ti! ¡Y no solo una vez, sino todos los días! Sabiendo y creyendo esto, viviendo como si esto fuera verdad (que lo es), te da la paz de mente, corazón, cuerpo y espíritu que necesitas para vivir una vida fabulosa, ¡libre de preocupaciones! Sin embargo, los beneficios no se acaban ahí. Además de llevar tu carga, ¡él ha decidido también que serás fuerte (Salmos 68.28, 35)!

Hoy, entrégale tus preocupaciones a Dios. Confía en que él las lleva, y a ti también. Así que comienza tu día en la fuerza que él te da.

....

Señor, mis preocupaciones pesan mucho.
Muchas gracias por llevarlas y llevarme a mí,
hoy y todos los días. Saber esto me da la fuerza
que necesito.

FELIZ Y BENDECIDA

«¡Dios te ha bendecido más que a todas las mujeres! Y también
ha bendecido al hijo que tendrás […]. ¡Dios te ha bendecido
porque confiaste en sus promesas!».
LUCAS 1.42, 45 TLA

$\mathcal{G}$abriel le dijo a María que Dios la había favorecido y que ella iba a dar a luz a su hijo. Cuando ella se preguntó cómo sucedería eso, el ángel le explicó todos los detalles. A continuación le dijo que su prima Isabel, antes estéril, había concebido en su vejez. ¡«Porque ninguna promesa de Dios puede dejar de cumplirse» (Lucas 1.37 TLA)!

María respondió: «Yo soy la esclava del Señor. Que suceda todo tal como me lo has dicho» (Lucas 1.38 TLA). Luego fue a visitar a Isabel, quien la declaró bienaventurada, diciendo: «¡Dios te ha bendecido porque confiaste en sus promesas!».

También tú puedes estar feliz y bendecida cuando dejas tus preocupaciones y te sometes a Dios, quien hace posible lo imposible y nunca deja de cumplir sus promesas.

....

¡Alzo mi ser a ti, Señor, sabiendo que tú
y tus promesas son verdad para los que creen!

QUIETA

Dios está en medio de ella; no será conmovida.
Dios la ayudará al clarear la mañana.
SALMOS 46.5 RVR1960

No importa qué problemas estés enfrentando o qué preocupaciones tengas en mente, tienes una gran fortaleza en Dios. «Dios es nuestro amparo y nuestra fortaleza, nuestra ayuda segura en momentos de angustia» (Salmos 46.1 NVI). Puesto que él vive dentro de ti y tú permaneces en él, no puedes ser herida ni perjudicada. Él trae su máximo poder, todos sus ángeles, todos sus recursos, visibles e invisibles, materiales y temporales, para ayudarte. Él te protege, te da poder y te libera.

Dios te trae su paz, diciéndote amablemente: «Yo me encargo de esto. No tienes que preocuparte». Él te indica tu papel en todo esto. Es simplemente: «Estad quietos, y sabed que yo soy Dios» (Salmos 46.10 LBLA).

Hoy, haz que tu objetivo sea dejarte llevar y estar quieta. Que sepas que tu Dios se ocupa de todo. Él se encarga de esto.

....

Oh Señor, ayúdame a entenderte mejor.
Ayúdame a estar quieta, a dejar que sea lo que tenga que ser,
a dejar que tú te ocupes de todo, también de mí.

VEN CON DIOS

Su izquierda esté debajo de mi cabeza,
y su derecha me abrace [...]. Mi amado habló, y me dijo:
Levántate, oh amiga mía, hermosa mía, y ven.
CANTARES 2.6, 10 RVR1960

Dios anhela tener una relación de intimidad contigo. Él no quiere que tus preocupaciones por lo que pueda o no suceder se conviertan en una barrera entre los dos, para distraerte de lo que él puede hacer y está haciendo en tu vida.

Para derribar el muro de la preocupación, busca un lugar tranquilo. Dile a Dios todo lo que tienes en mente. Relájate mientras imaginas a Dios a tu lado. Di: «¡Puedo sentir su mano izquierda bajo mi cabeza y su mano derecha me abraza!» (Cantares 2.6 LBLA). Pasa todo el tiempo que quieras con él, disfrutando de su presencia, escuchando su voz, escuchando lo que tiene que decirte. Luego levántate, hermosa, y ve con él a donde te lleve.

....

Puedo sentir tu mano izquierda sobre mi cabeza,
tu mano derecha abrazándome.
Permíteme descansar en esta paz,
rodeada por tu presencia y por tu amor.

CUIDADO CONTINUO DE ABBA

*Y yo seré para vosotros padre, y vosotros seréis
para mí hijos e hijas, dice el Señor Todopoderoso.*
2 Corintios 6.18 lbla

Cuando eras pequeña, lo más seguro es que corrieras hacia
tus padres cuando te caías y te despellejabas la rodilla. Limpiaban la sangre, lavaban la herida y la vendaban. Tal vez incluso te daban un beso en la herida. ¿Por qué? Porque eras su
pequeña, su preciosa hija. Te amaban y cuidaban de ti.

Ahora eres una mujer, quizás con hijos propios. Puede
que incluso estés cuidando de tus padres como ellos te cuidaron a ti. Y a veces te encuentras preocupada, preguntándote,
¿Quién me cuidará cuando yo necesite ayuda? La respuesta es
Dios.

Eres la preciosa hija de Dios. Él te dice: «Aun en la vejez,
cuando ya peinen canas, yo seré el mismo, yo los sostendré.
Yo los hice, y cuidaré de ustedes; los sostendré y los libraré»
(Isaías 46.4 nvi).

Confía en que Dios te ayudará cuando caigas, desde aquí
y por la eternidad.

....

*Gracias, Papá Dios, por estar siempre ahí para mí,
listo para ayudarme cuando caiga, desde ahora
hasta el final de los tiempos.*

EL PLANIFICADOR MAESTRO

Porque somos hechura suya, creados en Cristo Jesús
para hacer buenas obras, las cuales Dios preparó
de antemano para que anduviéramos en ellas.
EFESIOS 2.10 LBLA

Dios, el Planificador Maestro, te tuvo en mente antes de que el mundo comenzara, te diseñó, y luego te volvió a crear en Cristo para que pudieras ser parte de su gran plan. Él tiene caminos que ha preparado para que los tomes, todo para que puedas vivir la buena vida que él preparó para ti. ¿Pero cómo puedes hacer todo lo que Dios ha planeado, vivir la increíble vida que él ha preparado, si estás agobiada por las preocupaciones?

Tú estás en el plan de Dios, pero tus preocupaciones, no. Así que deja de retorcerte nerviosa las manos. Dale a Dios todo lo que no puedas manejar y siéntate en su paz. Vive la buena vida que él preparó y estableció para que tú la vivas.

....

Señor, estoy asombrada por los planes que has hecho
para mí. Ayúdame a dejar atrás mis preocupaciones,
a acomodarme en tu paz y a caminar por el camino
que has trazado.

REÍR SIN MIEDO

Está vestida de fortaleza y dignidad, y se ríe sin temor
al futuro [...]. El encanto es engañoso, y la belleza no perdura,
pero la mujer que teme al Señor será sumamente alabada.
PROVERBIOS 31.25, 30 NTV

Proverbios 31.10–31 describe los brillantes atributos de la mujer ideal de Dios, dando a las discípulas un nuevo objetivo. Ella es digna de confianza, trabaja duro y con buena disposición, cuida de su hogar y de su familia, considera las inversiones, da a los pobres, y es amable y sabia. ¡Pero lo más sorprendente es que ella «se ríe sin temor al futuro»! Tal vez te preguntes: *¿Cómo puedo llegar a donde está ella?*

Es muy sencillo. Teme a Dios. Conócelo. Adóralo obedeciendo y amándolo con todo tu corazón, mente, cuerpo, espíritu y alma. ¡Esto traerá éxito en cada área de tu vida! Una vez que conozcas y obedezcas a Dios, te darás cuenta de que no tienes nada de que preocuparte.

....

Quiero conocerte más, Señor, para seguirte, obedecerte y amarte.
¡Para que yo también pueda reír sin miedo al futuro!

RELOJES NOCTURNOS

Cuando en mi lecho me acuerdo de ti, en ti medito
durante las vigilias de la noche. Porque tú has sido
mi socorro, y a la sombra de tus alas canto gozoso.
A ti se aferra mi alma; tu diestra me sostiene.
SALMOS 63.6–8 LBLA

Es de noche, y deberías estar durmiendo profundamente. Pero, por alguna razón, todavía estás despierta. En la tranquila oscuridad, es fácil dejar que tu mente se desvíe al territorio aún más oscuro de la preocupación. Pero ¿por qué no cambias tu patrón de pensamiento y pasas de preocuparte a maravillarte al meditar en Dios?

Recuerda todo lo que Dios ha hecho por ti. Cómo te ha protegido y cuidado, te ha ayudado y te ha proporcionado todo lo necesario para llegar a este momento de tu día y de tu vida. Regocíjate y agradécele todas las bendiciones que te ha concedido. Luego mírate aferrada a él mientras te sostiene, te lleva y derrama sobre ti su fuerza y su paz.

....

Abrázame, Señor, mientras me aferro a ti,
absorbiendo tu presencia y tu paz.

QUE REINE LA PAZ

Estas cosas os he hablado para que en mí tengáis paz.
En el mundo tenéis tribulación; pero confiad,
yo he vencido al mundo.
JUAN 16.33 LBLA

Jesús sabe que tendrás momentos de dificultad. Sin embargo, como vives en él, encontrarás esa perfecta paz y confianza que necesitas para enfrentarte a ellos. Así que, no importa lo que haya pasado, esté pasando o pueda pasar, no te preocupes.

En vez de eso, ten valor. Vive la vida que Dios ha planeado para ti. Confía en Jesús y mantén la paz interior porque él ha vencido a tu mundo. Él dice: «En el mundo tenéis tribulación; pero confiad, yo he vencido al mundo» (Juan 16.33 LBLA).

Al realizar tus tareas de hoy, dale a Jesús pleno acceso a tu corazón, mente, cuerpo, espíritu y alma. Deja que su paz reine sobre ti. En él, te convertirás en una triunfadora.

Ven a habitar en mí, Jesús. Ayúdame a superar mi
preocupación, y que tu paz reine en mi interior.

CON DIOS DELANTE

El Señor irá delante de ti;
él estará contigo, no te dejará ni te desamparará;
no temas ni te acobardes.
Deuteronomio 31.8 lbla

Moisés se estaba despidiendo del pueblo de Dios, que sería conducido a la tierra prometida por Josué. Les dijo que Dios *mismo* iría delante de ellos y les daría la victoria. Los animó diciendo: «Sed firmes y valientes, no temáis ni os aterroricéis ante ellos, porque el Señor tu Dios es el que va contigo; no te dejará ni te desamparará» (Deuteronomio 31.6 lbla).

Igual que fue delante de sus israelitas, Dios va delante de ti. Él *avanza* contigo cuando entras en su tierra de la promesa. Lo que te corresponde hacer no es preocuparte ni temer, sino creer que Dios no te fallará ni te abandonará. Cuando confíes en Dios con todo tu ser, siguiendo su guía, prevalecerás.

....

Confío en ti, Señor, mientras caminamos juntos.
Llévame a la tierra de tu promesa.

CRUZAR CON SEGURIDAD

Porque yo Jehová soy tu Dios, quien te sostiene
de tu mano derecha, y te dice: No temas, yo te ayudo.
ISAÍAS 41.13 RVR1960

Una madre se vuelve extremadamente alerta cuando se trata de ayudar a su hijo a cruzar la calle. Es ella y no el niño quien puede ver todos los coches que vienen, entiende las reglas de la carretera y conoce los peligros de alejarse de la seguridad de la acera. Sin embargo, el niño no tiene miedo ni está preocupado. Está totalmente seguro con su mano en la mano de su madre, sabiendo con certeza que esta mujer lo mantendrá a salvo de todos los peligros, vistos y no vistos, conocidos y desconocidos.

Ahora que eres mayor, puede que no necesites ayuda para cruzar la calle. Pero sí necesitas ayuda para encontrar tu camino en la vida. Afortunadamente, tienes al Padre Dios a tu lado. Él ve todos los peligros que se avecinan. Déjale que te dé su mano derecha. Escúchalo decir: «No temas, yo te ayudo». Y encontrarás la seguridad que buscas.

....

Señor, toma mi mano. Caminando contigo, no tengo miedo.

DIOS TIENE UN PLAN

«Yo sé los planes que tengo para ustedes, planes para su bienestar
y no para su mal, a fin de darles un futuro lleno de esperanza.
Yo, el Señor, lo afirmo. Entonces ustedes me invocarán, y
vendrán a mí en oración y yo los escucharé».
JEREMÍAS 29.11–12 DHH

¿Has probado alguna vez a cocinar una nueva receta y te has puesto nerviosa porque no sabías lo que hacías? ¿Te preocupa que no termine siendo igual que en la foto o que no sepa bien?

Algunos de los nuevos desafíos de la vida pueden ser así. No importa cuánto planees o cuánto esfuerzo pongas en alguna nueva tarea, trabajo o proyecto, te preocupa que las cosas salgan mal de alguna manera y no puedas arreglarlas.

Afortunadamente, Dios sabe lo que *está* haciendo y es infalible, así que no tienes que preocuparte por nada. Dios tiene todo planeado para ti. Él va a cuidar de ti, para darte «un futuro lleno de esperanza». Así que no te preocupes. Solo acude a Dios en oración. Él está listo para escuchar.

....

Estoy agradecida de que sabes lo que estás haciendo, Señor.
¡Cuento contigo!

BUSCAR A DIOS

*Me buscaréis y me encontraréis, cuando me busquéis
de todo corazón. Me dejaré hallar de vosotros —declara el
S<small>EÑOR</small>— y restauraré vuestro bienestar y os reuniré
de todas las naciones y de todos los lugares
adonde os expulsé.*
J<small>EREMÍAS</small> 29.13–14 <small>LBLA</small>

Cuando *realmente* busques a Dios, busques su rostro, anhelando su presencia, necesitándolo como no necesitas a nadie ni nada más, buscándolo con todo tu corazón, lo encontrarás. Y, cuando lo encuentres, Dios te liberará de todo lo que te ata, incluida la preocupación.

¿Te imaginas vivir una vida sin preocupaciones? ¿Vivir cada día para Dios con valor, esperanza, alegría y regocijo? ¿Sin arrepentirte de lo que sucedió en el pasado, sin preocuparte por lo que pasa en el presente y sin temer al futuro?

Busca a Dios con todo lo que eres y tienes. Vive una vida de libertad. ¡Nunca mirarás atrás!

....

*Tú eres lo más importante de mi vida,
Señor, te sigo con todo lo que soy y tengo.
¡Vamos allá!*

EL ARTE DE LA VIDA

Por el SEÑOR son ordenados los pasos del hombre,
y el SEÑOR se deleita en su camino. Cuando caiga,
no quedará derribado, porque el SEÑOR sostiene su mano.
SALMOS 37.23–24 LBLA

¿Te imaginas cambiar la preocupación por el asombro? Es posible. El periodista Malcom Muggeridge escribió: «Todo acontecimiento, grande o pequeño, es una parábola en la que Dios nos habla, y el arte de la vida es captar el mensaje».

En lugar de centrarte en lo que puede o no puede suceder o en cómo arreglar el pasado, ¿por qué no preguntarte qué puede estar diciéndote Dios en el presente? Sal de ti misma y entra en Dios, buscando su mensaje a través de su Palabra, para la conexión entre tú, él y los sucesos de tu vida. Mira a dónde te dirige Dios, a dónde te lleva.

Deléitate con asombro en cada paso del camino, sabiendo que, con tu mano en la del Padre Dios, aunque tropieces, él nunca te va a dejar caer.

....

Señor, ayúdame a descubrir tu mensaje
mientras me deleito en cada paso del camino.

NO HAY PALABRA SIN PODER

Porque ninguna cosa será imposible para Dios.
LUCAS 1.37 LBLA

Te encuentras en una situación en la que no sabes qué hacer o decir. Tienes un problema que parece no tener solución. Te espera un desafío que parece abrumador. Los miedos y preocupaciones comienzan a acechar tu mente. ¿Cómo vas a encontrar la forma de salir de esta?

Cuando estés entre la espada y la pared y no veas ninguna salida, mira a Dios. Descansa en su presencia. Disfruta de su paz. Recuerda que no hay hazaña que él no pueda realizar, no hay tarea que no pueda emprender, no hay problema que no pueda resolver, no hay desafío que no pueda afrontar. Nada es imposible para Dios. Él hace que todas sus palabras y promesas se hagan realidad. Y él es tu fan número uno.

No sé qué hacer, Señor. Aquí es cuando entras tú.
¡Ayúdame! Confío en ti para hacer las cosas bien.
¡Tranquilízame con el poder de tu Palabra!

AMOR PERFECTO

Y al vivir en Dios, nuestro amor crece hasta hacerse perfecto.
Por lo tanto, no tendremos temor en el día del juicio [...].
En esa clase de amor no hay temor.
1 JUAN 4.17–18 NTV

Cuando te propones vivir en el amor de Dios, no solo vives en él, ¡sino que él vive en ti! En comunión con él, no hay lugar para nada más, ni preocupaciones, ni miedos, ni ira ni dudas. Dios te ama tanto que nunca dejará que nada se interponga entre él y tú. Tampoco dejará que nada ni nadie te arrebate de su mano (Juan 10.28–30).

Ora hoy para que Dios te ayude a abrir tu corazón al poder y a la paz de su amor, para que tu espíritu y el suyo se fundan en uno. Luego pasa un rato en la presencia de Dios, permitiendo que su amor se derrame en ti, te alimente y te nutra, y te llene hasta que salga de ti y se derrame sobre los que te rodean.

Señor, deseo ese amor perfecto que obtengo
solo cuando vivo en tu amor y tú vives en mí.
Lléname, Señor, con ese gran amor.

UNA COSA QUE MERECE TU ATENCIÓN

*El Señor le dijo: —Mi apreciada Marta, ¡estás preocupada
y tan inquieta con todos los detalles! Hay una sola
cosa por la que vale la pena preocuparse. María la
ha descubierto, y nadie se la quitará.*
LUCAS 10.41–42 NTV

¿Eres una Marta o una María?

Marta había invitado a Jesús a entrar en su casa. Pero mientras ella se apresuraba a preparar la comida para Jesús y los otros invitados, «su hermana María se sentó a los pies del Señor a escuchar sus enseñanzas» (Lucas 10.39 NTV). Así que Marta fue a Jesús, diciendo: «Maestro, ¿no te parece injusto que mi hermana esté aquí sentada mientras yo hago todo el trabajo? Dile que venga a ayudarme» (Lucas 10.40 NTV). Fue entonces cuando Jesús dejó claro que Marta no debería estar preocupada o disgustada. Solo había una cosa en la que fijar toda la atención: en Jesús y sus palabras.

Hoy, entrégale tus preocupaciones a Jesús. Hazle saber que solo te interesa una cosa: escuchar lo que tiene que decir.

....

*Aquí estoy, Señor, sentada a tus pies.
Por favor, háblame. Te escucho.*

HACERSE INSUMERGIBLE

Al momento Jesús, extendiendo la mano, asió de él, y le dijo:
¡Hombre de poca fe! ¿Por qué dudaste?
MATEO 14.31 RVR1960

Después de decir a sus seguidores que llevaran el bote al otro lado del lago, Jesús subió a una montaña para orar. Cuando oscureció, la barca aún estaba lejos de la orilla, atrapada en una tormenta.

Así que Jesús se acercó a ellos, caminando sobre el agua. Cuando los discípulos lo vieron, gritaron de miedo. Pero Jesús les dijo inmediatamente: «¡Tened ánimo; yo soy, no temáis!» (Mateo 14.27 RVR1960). Fue entonces cuando Pedro se animó, diciendo: «Señor, si eres tú, manda que yo vaya a ti sobre las aguas». Jesús lo hizo, invitando a Pedro a salir de la barca y comenzar a caminar sobre el agua. Pero entonces vio el viento, se asustó y comenzó a hundirse, y clamó a Jesús: «¡Sálvame!». ¡Y Jesús lo hizo!

¿Qué aprendemos? Si mantienes tus ojos en Jesús, centrándote en él y no en tus circunstancias, ¡Jesús te permitirá hacer cosas que nunca soñaste que fueran posibles!

....

Contigo, Jesús, ¡soy insumergible! ¡Dime que vaya a ti!

HABLA CON TRANQUILIDAD

Cuando los arresten y los sometan a juicio, no se preocupen
de antemano por lo que van a decir. Solo hablen lo que Dios
les diga en ese momento, porque no serán ustedes
los que hablen, sino el Espíritu Santo.
MARCOS 13.11 NTV

¿Cuántas veces has tenido una conversación en tu vida difícil de afrontar? Ante ella, ensayaste en tu cabeza exactamente lo que dirías, a veces incluso imaginando cuál sería la respuesta de la otra persona.

Hay un par de problemas con ese método. El primero es que la conversación que realmente termina produciéndose rara vez es la misma que imaginaste. El segundo es que, al preocuparte de antemano por lo que vas a decir y luego tratar de ceñirte a ese guion, ¡no dejas espacio para que el Espíritu Santo diga una palabra!

La mejor manera de manejar lo que puede ser una conversación difícil es ir a Dios. Hazle saber lo que está pasando, lo que te preocupa. Luego relájate. Solo habla lo que Dios te diga, porque no serás tú quien hable, sino el Espíritu.

....

Espíritu, cuando no sé qué decir,
habla a través de mí, te lo ruego.

ESCOGE EL GOZO

Comerá mantequilla y miel, hasta que sepa
desechar lo malo y escoger lo bueno.
ISAÍAS 7.15 RVR1960

Cada día tienes la libertad de tomar decisiones. Elegir el bien antes que el mal, lo justo y no lo incorrecto, el camino de Dios antes que tu camino, y el gozo en lugar de las preocupaciones. Son muchas opciones, cada una con sus propias consecuencias. Cómo elegir el bien antes que el mal, lo justo y no lo incorrecto, y el camino de Dios en lugar del tuyo parece algo obvio. Le preguntas a Dios qué hacer y lo haces.

Pero ¿cómo se escoge el gozo en lugar de la preocupación? Es sencillo: abre los ojos a las bendiciones que te rodean.

La autora Marianne Williamson escribió: «El gozo es lo que ocurre cuando nos permitimos reconocer lo buenas que son realmente las cosas». Hoy en día, y todos los días, decide hacer justamente eso. Escribe una lista de las cosas que van bien en tu vida. Luego dale gracias a Dios por todo lo que ha hecho por ti, y tu gozo florecerá.

....

Ayúdame, Señor, a elegir el gozo, a reconocer
todo lo bueno de mi vida, de los demás y de este mundo.

RESPIRAR EN PAZ

—¡La paz sea con ustedes! —repitió Jesús—. Como el Padre
me envió a mí, así yo los envío a ustedes. Acto seguido, sopló
sobre ellos y les dijo: —Reciban el Espíritu Santo.
JUAN 20.21–22 NVI

Los discípulos se reunieron y cerraron las puertas, preocupados por lo que pudieran hacer los judíos. Fue allí donde apareció Jesús resucitado y les dijo: ¡La paz sea con ustedes!». Les mostró sus heridas y luego repitió su saludo de paz, añadiendo que los enviaba. Luego sopló sobre ellos, diciendo: «Reciban el Espíritu Santo».

Como creyente, has sido dotada con el Espíritu Santo. Sin embargo, para hacer lo que has sido llamada a hacer, para estar totalmente centrada en el trabajo y no en la preocupación, debes abrirte a la paz y al aliento de Cristo a través de la oración.

Edwin Keith escribió que «la oración es exhalar el espíritu del hombre e inhalar el espíritu de Dios». Imagina hoy que eso es lo que estás haciendo mientras oras.

....

Señor Jesús, dame tu paz mientras oro, exhalando
el espíritu de mujer e inhalando el espíritu de Dios.

RADIANTE DE ESPERANZA

Que Dios, quien nos da seguridad, los llene de alegría.
Que les dé la paz que trae el confiar en él. Y que, por el poder
del Espíritu Santo, los llene de esperanza.
ROMANOS 15.13 TLA

¿Cansada de dejar que tus preocupaciones ocupen tu mente, guíen tus decisiones y te impidan vivir la vida que Dios quiere que vivas? ¿Por qué no llenar tu mente con las cosas de Dios antes de que la preocupación tenga la oportunidad de levantar su desagradable cabeza?

El artista Howard Chandler Christy tenía un buen método que tal vez quieras seguir. Dijo: «Cada mañana paso quince minutos llenando mi mente con ideas de Dios; y así no hay lugar para pensamientos de preocupación». ¡Parece un buen plan!

Esta mañana, antes de que tu mente tenga la oportunidad de huir de sí misma, llénala con cosas de Dios. Comienza con una breve oración de «¡Buenos días, Gloria!». Luego lee una porción de la Biblia, buscando un mensaje del Autor de tu fe. Finalmente, ora mientras el Espíritu te guía, permitiéndole que te dé su perspectiva, llena de esperanza.

¡Buenos días, Gloria! ¡Llena mi mente, dame esperanza!

LA VERDADERA TÚ

Él ha de ir aumentando en importancia,
y yo disminuyendo.
Juan 3.30 dhh

L a Biblia dice que te ofrezcas a Dios, que dejes que él te lleve, que permitas que Jesús se convierta en más mientras tú
te conviertes en menos. Sin embargo, puede que te preguntes
adónde te llevará eso: a tu personalidad, a tu carácter único.

No hay por qué preocuparse. Como C.S. Lewis escribió
en *Cristianismo y nada más*:

> *Mientras más marginemos lo que llamamos nuestro «yo»*
> *personal y dejamos que Cristo se haga cargo de la situación,*
> *más verdaderamente llegaremos a ser nosotros mismos [...].*
> *Es cuando nos volvemos a Cristo, cuando le entregamos*
> *nuestro «yo» a su Personalidad, cuando de veras empeza-*
> *mos a tener por primera vez una personalidad propia.* *

Deja que Jesús te lleve para que te conviertas en la verdadera
tú que todos (incluido Dios) están esperando encontrar.

....

Jesús, perdóname por no entregarme del todo a ti. ¡Ayúdame a
quitarme de en medio para que tú y yo podamos brillar de verdad!

*C. S. Lewis, *Cristianismo y nada más* (Miami, FL: Editorial Caribe, 1977), pp. 211-12.

CADA MOMENTO SE CONVIERTE EN UNA ORACIÓN

Busquen al Señor mientras puedan encontrarlo,
llámenlo mientras está cerca.
ISAÍAS 55.6 DHH

Dios quiere que lo busques, que ores mientras está cerca. Pero, mientras te esfuerzas por cumplir los plazos del proyecto, hacer las tareas, recoger a los niños, ser voluntaria en la iglesia, y mucho más, la oración parece quedarse en el olvido. Empiezas a preocuparte de que Dios te vea como una perezosa. ¿Cómo puedes orar sin cesar cuando apenas tienes tiempo para darte una ducha?

Dios no ideó la oración para que fuese solo una cosa más que hacer. Así que tal vez sea hora de cambiar tu perspectiva sobre la oración.

Frank Bianco, periodista y fotógrafo, escribió: «Si empiezas a vivir la vida buscando al Dios que está alrededor de ti, cada momento se convierte en una oración». Intenta hacerlo hoy, viendo a Dios en todo lo que te rodea y elevando tu agradecimiento mientras vives en el país de las maravillas de Dios.

....

Revélate a mí, Señor, en todo lo que hago y veo.
Haz que cada momento de mi vida sea una oración para ti.

ARMONÍA DEL ALMA

Y que la paz de Cristo reine en vuestros corazones,
a la cual en verdad fuisteis llamados en un solo cuerpo;
y sed agradecidos.
COLOSENSES 3.15 LBLA

¿Gobierna la paz de Cristo sobre tu corazón? ¿O es la preocupación la que tiene total influencia? Tal vez esto sea
como lanzar una moneda al aire, depende de lo que está pasando en tu vida.

Es fácil tener un comportamiento tranquilo si todo va
como tú quieres. El reto llega cuando Dios te saca de tu zona
de confort o las cosas fuera de tu control comienzan a volverse
una locura.

Sin embargo, si confías en Dios sin importar lo que pase
en tu vida, no solo tendrás paz interior, sino que la transmiti-
rás al exterior. Eso te convertirá en una gran testigo de tu fe.
Como escribió William J. Toms: «Ten cuidado de cómo vives.
Puede que para alguien tú seas la única Biblia que va a leer».

Haz que tu objetivo sea dejar que reine la paz de Cristo.
Te sorprenderá cómo tu luz interior atraerá a otros de fuera.

....

Señor, que tu paz reine en mi corazón, calmándome
por dentro y atrayendo a otros por fuera.

UNA BUENA MEDIDA

Dad, y se os dará; medida buena, apretada, remecida y
rebosando darán en vuestro regazo; porque con la misma
medida con que medís, os volverán a medir.
LUCAS 6.38 RVR1960

Jesús quiere que trates bien a los demás porque, cuando los bendigas, Dios te bendecirá a ti también. Sin embargo, puede ser difícil dar de ti misma o de tus recursos cuando estás preocupada por no tener «suficiente» para ti.

Es hora de cambiar esa mentalidad. Deja que tus preocupaciones por la escasez se desvanezcan y empieza a hacer de este mundo un lugar mejor dando a los demás, ya sea sirviendo en la iglesia, como voluntaria en un banco de alimentos, donando a una organización benéfica, ayudando a una vecina a plantar un jardín o dando una manta a un refugio para personas sin hogar.

Empieza por hacer alguna cosa por alguien que conozcas o incluso por un completo desconocido. Anota lo que has hecho, incluyendo cómo fuiste recompensada a cambio, y pronto tus preocupaciones por la escasez serán un simple recuerdo borroso.

Muéstrame lo que puedo hacer hoy, Jesús,
para bendecir la vida de otra persona.

TODO LO QUE NECESITAS

*Doy gracias a Cristo Jesús nuestro Señor,
que me ha fortalecido, porque me tuvo por fiel,
poniéndome en el ministerio.*
1 TIMOTEO 1.12 LBLA

Te han ofrecido ayudar en un ministerio, quizás incluso estar a cargo de él, pero te preocupa que no tengas el tiempo o la energía para encargarte de ello. O ya estás sirviendo en algún lugar y te preocupa que puedas quedarte sin fuerzas. En este punto es donde la oración es más importante que nunca.

Dios tiene planes definitivos para ti. Y Jesús es el que te da la fuerza para hacer lo que estás destinada a hacer. Así que, antes de que digas sí a cualquier nuevo proyecto o te quedes donde estás, ve a él en oración. Pregúntale si es aquí donde él quiere que empieces o continúes. Luego sírvele bien, confiando en que te dará todo el poder sobrenatural y la habilidad que necesitas y mucho más.

....

*Señor, gracias por darme la dirección, el poder
y la capacidad que necesito para servirte bien.*

RESPLANDECER DE AMOR

Yo estoy seguro de que nada podrá separarnos del amor de Dios:
ni la vida ni la muerte, ni los ángeles ni los espíritus, ni lo
presente ni lo futuro, ni los poderes del cielo ni los del infierno,
ni nada de lo creado por Dios. ¡Nada, absolutamente nada,
podrá separarnos del amor que Dios nos ha mostrado
por medio de nuestro Señor Jesucristo!
ROMANOS 8.38–39 TLA

La gente puede ponerse en tu contra. Incluso salir de tu vida o dejar de amarte. Pero no debes preocuparte de que alguna vez te separen del amor de Dios, porque su amor es incondicional. No importa lo que pase, él te amará. Su amor es un vínculo inquebrantable entre tú y él.

Ora para que Dios abra tu corazón hacia su amor. Que sientas ese amor gozoso irradiando hacia ti, rodeándote, acolchándote, abrazándote, bendiciéndote, calentándote, nutriéndote a cada momento de este día, dándote la confianza para caminar por su camino sin importar lo que los demás hagan o digan.

....

Abba Dios, haz que tu amor entre en mi corazón
al descansar en ti.

UN LUGAR PARA TI

«No se preocupen. Confíen en Dios y confíen también en mí.
En la casa de mi Padre hay lugar para todos. Si no fuera cierto,
no les habría dicho que voy allá a prepararles un lugar. Después
de esto, volveré para llevarlos conmigo. Así estaremos juntos».
JUAN 14.1–3 TLA

Jesús no quiere que te preocupes por nada. En cambio, dice
que te aferres a tu fe en Dios y en él. A pesar de que él ha
dejado físicamente esta tierra, te ha dejado un ayudador (el
Espíritu Santo). Mientras tanto, él, Jesús, se ha encargado de
prepararte tu lugar en su casa, ¡nada menos! ¿Por qué? ¡Para
que puedas estar donde él está (Juan 14.4)!

Así que deja a un lado tus preocupaciones. Apóyate en tu
fe en Jesús y en Dios Padre. Vive sin preocupaciones mientras
sigues el Camino, la Verdad y la Vida en él, esperando el lugar
que te espera en su hogar, su dulce hogar.

....

Tú, Jesús, ya eres mi hogar lejos de casa. Gracias por preparar
un lugar solo para mí, ¡contigo!

LA MUJER QUE SE ADHIERE A DIOS

«Pero bendito el hombre que confía en mí, que pone en mí su esperanza. Será como un árbol plantado a la orilla de un río, que extiende sus raíces hacia la corriente y no teme cuando llegan los calores, pues su follaje está siempre frondoso. En tiempo de sequía no se inquieta, y nunca deja de dar fruto».
JEREMÍAS 17.7–8 DHH

La preocupación no solo agota tu fuerza y energía, sino que también te impide crear y ser productiva. Dios lo sabe muy bien. Por eso te dice que eres bendecida cuando confías en él y te aferras a él y a su plan. Cuando crees en sus promesas.

Cuando confías en Dios, él dice que eres como un árbol con raíces que tienen acceso a su río de vida. Incluso a través de la sequía más intensa, seguirás estando fresca. Al confiar en él, en calma y en serenidad, experimentarás el versículo que dice: «En tiempo de sequía no se inquieta, y nunca deja de dar fruto» (Jeremías 17.8 DHH).

Confía en Dios y serás bendecida en todas las cosas, en todo momento y de todas las maneras.

....

Me quedo contigo, Señor, me niego a dejar
que los vientos de la preocupación me afecten.

MANTENERSE FIRME

Y dile: Guarda, y repósate; no temas, ni se turbe tu corazón
[...] por el ardor de la ira de Rezín y de Siria, y del hijo de
Remalías. Ha acordado maligno consejo contra ti el sirio, con
Efraín y con el hijo de Remalías [...]. Por tanto, Jehová
el Señor dice así: No subsistirá, ni será.
ISAÍAS 7.4–5, 7 RVR1960

Algunos países habían amenazado a Judá. Así que Dios le dijo a Isaías que le dijera al rey Acaz que dejara de preocuparse. Literalmente: «Dile que deje de preocuparse» (Isaías 7.4 NTV). Aunque otros habían planeado el mal contra él, este nunca se llevaría a cabo, no sucedería.

Cuando las preocupaciones se dispongan a atacarte, escucha lo que Dios dice. «Deja de preocuparte. No tienes por qué temer». Además, la mayor parte de lo que te preocupa nunca sucederá. Y, aunque ocurra, Dios lo solucionará para siempre.

Así que ten fe en Dios. Confía en Él. «Y si ustedes no tienen una fe firme, tampoco quedarán firmemente en pie» (Isaías 7.9 DHH).

....

Me mantengo firme en mi fe, Señor, confiando en ti,
¡no importa lo que venga!

TU MEJOR DEFENSA

—No tengan miedo —les respondió Moisés—. Mantengan sus
posiciones, que hoy mismo serán testigos de la salvación que el
Señor realizará en favor de ustedes. A esos egipcios que hoy ven,
¡jamás volverán a verlos! Ustedes quédense quietos, que el Señor
presentará batalla por ustedes.

ÉXODO 14.13–14 NVI

Dios había alejado a su pueblo de su zona de confort, y su preocupación se convirtió en pánico. Empezaron a pensar que sería mejor seguir siendo esclavos en Egipto que estar entre el ejército egipcio y el mar Rojo. Pero Moisés les dijo que no se preocuparan ni tuvieran miedo, que simplemente se quedaran quietos y vieran lo que Dios iba a hacer. No volverían a ver a estos guerreros porque Dios estaba luchando por ellos.

¡Y Dios lo solucionó! Separó el mar para que pasara su pueblo y devolvió las aguas para ahogar a los atacantes.

Eres hija de Dios, una parte de su pueblo. Él te defenderá pase lo que pase. No te corresponde preocuparte ni entrar en pánico, sino quedarte quieta y verle trabajar.

Tú, Señor, eres mi mejor y más poderosa defensa.
En cuanto a mí, simplemente me quedaré quieta
y veré cómo lo solucionas.

LA HOJA DE RUTA PARA UNA VIDA SIN PREOCUPACIONES

*Pero gran ganancia es la piedad acompañada
de contentamiento; porque nada hemos traído a este mundo, y
sin duda nada podremos sacar. Así que, teniendo sustento
y abrigo, estemos contentos con esto.*
1 TIMOTEO 6.6–8 RVR1960

¿Qué hay en tu lista de preocupaciones? ¿Te preocupa no tener suficiente dinero para comprar ese nuevo bolso que has estado esperando? ¿Te preocupa no poder seguir pagando ese auto nuevo? Tal vez sea hora de hacer algunos ajustes en tu vida.

El apóstol Pablo dice que lo que realmente satisface es estar bien con Dios y feliz con lo que tienes. Mientras tengas comida en tu estómago y ropa sobre ti, debes y puedes estar contenta.

Así que no te preocupes por conseguir más cosas si eso te va a endeudar o te va a mantener encadenada a algo que realmente no necesitas. Más bien, busca complacer a Dios y seguir a Jesús. ¡Esa es la hoja de ruta para una vida sin preocupaciones!

Ayúdame a vivir de forma más sencilla, Señor, para que pueda vivir con menos preocupaciones ¡y menos bienes materiales!

CONFÍA EN EL SEÑOR

No te inquietes a causa de los malvados ni tengas envidia
de los que hacen lo malo. Pues como la hierba, pronto se
desvanecen; como las flores de primavera, pronto se marchitan.
Confía en el SEÑOR y haz el bien; entonces vivirás seguro
en la tierra y prosperarás.
SALMOS 37.1–3 NTV

A veces parece que los que tienen todas las oportunidades
son las personas que no creen en Dios. De hecho, cuanto
más mienten y engañan, yendo en contra de todas las reglas
y leyes, ¡más parecen prosperar! Sin embargo, aquí estás, haciendo lo correcto, al menos la mayoría de las veces, y parece
que no puedes salir adelante.

Dios te dice que no te preocupes por los que siguen
el mal camino. Eres *tú* la que realmente está prosperando.
Mientras estés en el camino de la vida eterna, almacenando
tesoros en el cielo, los malvados se desvanecerán rápidamente,
y no podrán llevarse sus ganancias con ellos.

Así que ánimo. Confía en Dios, déjalo todo y a todos en
sus manos. Él hará que las cosas salgan bien.

....

Señor, ayúdame a mantener mis ojos en ti
y en lo que quieres que haga, porque en ti realmente prospero.

DELEITE EN DIOS

*Pon tu delicia en el SEÑOR, y Él te dará
las peticiones de tu corazón.*
SALMOS 37.4 LBLA

Has tenido un deseo secreto durante años, un sueño que has
querido conseguir desde que eras una niña, pero el momento nunca ha parecido ser el adecuado. Ahora estás preocupada, preguntándote si alguna vez podrás realizar tu sueño.
¡Quizás sea demasiado tarde!

Descansa tranquila. Mientras sigas acudiendo a Dios,
pasando tiempo con él, deleitándote en su presencia y en su
palabra, «Él te dará las peticiones de tu corazón». Con Dios,
nunca es demasiado tarde.

Ahora, ora a Dios. Cuéntale tus deseos. Pregúntale qué
quiere que hagas. Él se asegurará de ponerte en el camino
correcto para traerle gloria y alegría.

....

*Aquí estoy, Señor, deleitándome en tu Palabra, encontrando
alegría y paz en tu presencia. Hablemos de sueños y deseos.
¿A dónde quieres que vaya? ¿Qué quieres que haga?*

ENCOMIENDA AL SEÑOR TU CAMINO

Encomienda al SEÑOR tu camino, confía en Él,
que Él actuará; hará resplandecer tu justicia como la luz,
y tu derecho como el mediodía.
SALMOS 37.5–6 LBLA

¿Te preguntas a dónde ir, qué hacer?¿Estás preocupada por si te equivocas en alguna decisión? Relájate. Déjale saber a Dios todas tus preocupaciones. Deja que pasen de tu espalda a la suya. Confía en que el Planificador Maestro te muestre el camino que debes seguir.

Dios no te ha dejado sola. Él, su Hijo Jesús y el Espíritu Santo están aquí para cuidarte y velar por ti. Conocen el pasado, el presente y el futuro, tienen toda la sabiduría y despliegan un poder sobrenatural. Ven lo que haces, adónde vas, lo que piensas y dónde está tu corazón. Ábrete a ellos, responde a sus indicaciones y nunca perderás tu camino.

¡Muéstrame el camino, Señor, mientras brillo para ti!

SÉ PACIENTE

Confía callado en el SEÑOR y espérale con paciencia;
no te irrites...
SALMOS 37.7 LBLA

Todo está en la disposición del tiempo, piensas mientras te muerdes las uñas, nerviosa. Pero ¿cuándo actuará Dios? ¿Cuánto tiempo tengo que esperar? Tal vez debería hacer algo para ayudar a acelerar las cosas... pero ¿qué?

¿Alguna vez has tenido estos pensamientos mientras esperabas ansiosa que Dios hiciera alguna cosa, o simplemente cualquier cosa? Si es así, puede que hayas estado peligrosamente cerca de hacer algo por la voluntad de Dios para ti, lo que rara vez, por no decir nunca, acaba bien. Solo pregúntale a Sara y Rebeca (ver Génesis 16 y 27).

En lugar de preocuparte por cuándo se moverá Dios, quédate quieta y descansa en su presencia. Espera pacientemente a que él actúe. Él conoce el momento perfecto.

....

Ayúdame, Señor, a estar tranquila y en paz y a esperar
a que tú actúes, antes de que yo me pase de lista.
Sé que solo tu conoces el momento perfecto.

POR EL PODER DE DIOS

Cruzarán a salvo el mar de la angustia, porque las olas
serán contenidas y las aguas del Nilo se secarán. La soberbia
de Asiria será aplastada y el dominio de Egipto terminará.
Mediante mi poder haré fuerte a mi pueblo y por mi autoridad
irán a donde quieran. ¡Yo, el Señor, he hablado!
ZACARÍAS 10.11–12 NTV

Cuando sientas que te estás ahogando en problemas, no te preocupes ni te desanimes. En lugar de eso, ora. Pídele a Dios que te recuerde que él es más poderoso que cualquier otro ser y que se asegurará de que atravieses con éxito ese mar de angustia. Él contendrá las olas que amenazan tu vida y secará las partes más profundas del agua. ¡Tu Padre puede hacer todo eso porque es Dios! ¡Porque, cuando él habla, las cosas ocurren!

Dios no solo te salvará, sino que te fortalecerá y te llevará a donde quieres ir. Escucha: ¡Dios ha hablado! Cree: ¡y vencerás!

....

Gracias, Señor, por estar conmigo en las profundidades
y en los puntos álgidos de esta vida. Contén las olas cuando
amenacen con desbordarse. ¡Mantenme fuerte en ti!

BUENAS CONVERSACIONES

Ninguna palabra corrompida salga de vuestra boca,
sino la que sea buena para la necesaria edificación,
a fin de dar gracia a los oyentes.
EFESIOS 4.29 RVR1960

Tus palabras tienen poder, afectan a los que te rodean. Por eso debes tener cuidado de no contaminar los pensamientos de otra persona con tus preocupaciones. Al expresarlos, puedes hacer que otros tomen tus preocupaciones como propias a la vez que refuerzas tus preocupaciones en tu propia mente. Antes de que te des cuenta, tus «y si...» se han vuelto contagiosos, ¡son temores en toda regla!

En lugar de expresar tus preocupaciones, considera la posibilidad de decirte cosas edificantes a ti misma y a los demás, como por ejemplo: «Todo lo podemos en Cristo que nos fortalece» (ver Filipenses 4.13); o «Dios hará un camino»; o «Creo que veré la bondad del Señor en este siglo» (ver Salmos 27.13). Lo que sea que se ajuste a la situación.

¡Al decir cosas positivas, estarás construyendo la fe de otros, así como la tuya!

....

Señor, ayúdame a decir palabras de tu sabiduría
en lugar de expresar mis preocupaciones. Hazme ser
una constructora, no una destructora.

ESPERAR EN DIOS

Pero los que esperan en el SEÑOR renovarán sus fuerzas;
se remontarán con alas como las águilas, correrán y no se
cansarán, caminarán y no se fatigarán.
ISAÍAS 40.31 LBLA

La preocupación puede ser muy agotadora para la mente, el cuerpo, el espíritu y el alma. Cuando caminas por esta vida exhausta, es más fácil tropezar en algún lugar del camino.

En lugar de preocuparte, espera a Dios. Espera a que él obre en tu vida. Búscalo en todas partes, y sonríe cuando veas la evidencia de su amor, poder y compasión. Pon toda tu esperanza solo en él.

Cuando lo hagas, te encontrarás renovada, capaz de enfrentarte a lo que se te presente. Te verás renacida en fuerza y poder, creciendo más alto y cada vez más cerca del Hijo. Correrás y no te cansarás. Caminarás y no te fatigarás.

Espera y apóyate en Dios. Él te mantendrá fuerte.

....

Estoy esperando, Señor, elevándome hacia ti
en un vuelo celestial.

UNA MUJER LLENA DE FE

Porque tengo presente la fe sincera que hay en ti,
la cual habitó primero en tu abuela Loida y en tu madre
Eunice, y estoy seguro que en ti también.
2 Timoteo 1.5 lbla

La forma en que vives tu fe causa una impresión en las mentes jóvenes. Cuando tus hijos y nietos o los hijos de otra persona miren tu vida, ¿te verán como una mujer preocupada o como una guerrera?

El apóstol Pablo fue el padre espiritual de Timoteo. En su carta al joven, Pablo recuerda a la madre y a la abuela de Timoteo, cómo su fe sincera fue un ejemplo a seguir para el joven, allanando el camino para que él creyera en Cristo.

Espero que tú, como la madre y la abuela de Timoteo, te conviertas en otra guerrera de oración, en lugar de en una mujer preocupada; que seas una mujer llena de paz y fe a la que otros puedan mirar e imitar.

....

Amado Señor, conviérteme en una mujer de oración,
llena de paz y fuerte en la fe.

VIVIR LA VERDAD DE DIOS

No tengas miedo, porque he pagado tu rescate; te he llamado
por tu nombre; eres mío. Cuando pases por aguas profundas,
yo estaré contigo. Cuando pases por ríos de dificultad, no te
ahogarás. Cuando pases por el fuego de la opresión, no te
quemarás; las llamas no te consumirán.
ISAÍAS 43.1–2 NTV

Cuando atraviesas tiempos difíciles, no tienes que entregarte a la preocupación porque Dios está contigo. Al pasar por un torrente de problemas, no te ahogarás. Y, cuando camines a través de las llamas de la crueldad, no te quemarás.

¡Te salvarás porque eres la preciosa hija de Dios! ¡Él te honra y te ama! Aunque te alejes, Dios dice: «Al norte le diré: "¡Entrégalos!" y al sur: "¡No los retengas!". Trae a mis hijos desde lejos y a mis hijas desde los confines de la tierra» (Isaías 43.6 NVI).

Cuando las preocupaciones empiecen a acumularse, recuerda quién eres a los ojos de Dios, y ora al Padre que te ama, al que te llama por tu nombre.

....

Quiero vivir tu verdad, Padre Dios.
Camina conmigo mientras crezco en ti.

ALGO NUEVO

*Así dice el Señor, el que abrió un camino en el mar, una senda
a través de las aguas impetuosas [...]. Olviden las cosas
de antaño; ya no vivan en el pasado. ¡Voy a hacer algo nuevo!
Ya está sucediendo, ¿no se dan cuenta?*
Isaías 43.16, 18–19 nvi

Dios es el único ser lo suficientemente poderoso para abrir
un camino a través del mar, un camino a través de la marea. Pero nunca verás ese nuevo camino si te pasas el día de
hoy rebuscando en lo que pasó ayer.

Dios quiere que vivas en el momento presente, esperando lo inesperado. Él va a hacer algo totalmente nuevo en tu
vida. ¡De hecho, ya lo está haciendo! ¿Lo ves? él está «abriendo un camino en el desierto y ríos en lugares desolados»
(Isaías 43.19 nvi).

Así que deja atrás tus preocupaciones por el pasado.
¡Mantén tus ojos abiertos y puestos donde Dios está obrando!
Con toda seguridad, verás un nuevo camino por delante.

....

*Señor, estoy lista para esperar lo inesperado. Mis ojos están
puestos en el nuevo camino que ya has preparado.*

ALERTA

*Estad alerta, no sea que vuestro corazón se cargue con disipación
y embriaguez y con las preocupaciones de la vida, y aquel día
venga súbitamente sobre vosotros como un lazo.*

Lucas 21.34 lbla

Primero se mete en tu mente una pequeña preocupación. Un tiempo después un «qué pasaría si...» se une con la primera. Después otra y otra y otra. Muy pronto, ya no puedes respirar. No puedes levantarte. No tienes fuerza para limpiar tu mente, corazón, espíritu y alma de todas las preocupaciones que te agobian.

Jesús quiere que te mantengas en guardia y que estés alerta a cuando lleguen las preocupaciones de este mundo. Cuando el primer temor intente acceder a ti, acude a Dios. Pídele que te alivie, que te dé un versículo de la Biblia para evitar esa preocupación en particular. Al convertir esto en hábito, te encontrarás llena de las bendiciones de la sabiduría y la verdad de Dios en lugar de las maldiciones de las preocupaciones y mentiras del enemigo.

*Ayúdame a ser más vigilante, Señor, y reemplaza
mis preocupaciones con tu sabiduría.*

EL ESPÍRITU DE LA LIBERTAD

Preocuparse por las cosas del Espíritu lleva a la vida
y a la paz. Los que se preocupan por seguir las inclinaciones
de la naturaleza débil son enemigos de Dios,
porque ni quieren ni pueden someterse a su ley.
ROMANOS 8.6–7 DHH

La preocupación es un recordatorio de que cada momento tienes que elegir qué tipo de vida quieres vivir, en el espíritu o en la carne. Si tu mente está en la carne, te convertirás en una esclava de la preocupación, pero, si tu mente está en el Espíritu de Dios, te convertirás en una guerrera libre de Dios.

Todo se reduce a dónde pones el foco. Si parafraseamos Romanos 8.8, podríamos decir: «Poner el foco en el yo es lo opuesto a ponerlo en Dios. Cualquiera que esté completamente absorto en el yo, ignora a Dios, termina pensando más en sí mismo que en Dios. Esa persona ignora quién es Dios y lo que está haciendo».

Hoy, elige confiar en Dios y ser una mujer libre y guerrera.

....

Señor, sácame de mi yo y llévame hacia ti,
donde encontraré la paz y la libertad que anhelo.

CANTEMOS

El Señor tu Dios está en medio de ti, guerrero victorioso;
se gozará en ti con alegría, en su amor guardará silencio,
se regocijará por ti con cantos de júbilo.
SOFONÍAS 3.17 LBLA

Cuando estás escribiendo un correo electrónico, es bastante fácil arreglar y olvidar tus errores pulsando el botón SUPRIMIR. Si usas un lápiz para resolver un problema de matemáticas, con el borrador rectificas los errores. Pero puede que te resulte más difícil corregir y olvidar los errores que cometes en lo que dices o haces en tu vida.

Sin embargo, Dios quiere que sepas que, cuando has dado un paso en falso y le has pedido perdón, no solo no saca a relucir tus errores, sino que los olvida. ¡Y él «se regocijará por ti con cantos de júbilo» (Sofonías 3.17 LBLA)!

No te preocupes por tus errores del pasado. Olvídate de ellos, como lo ha hecho Dios. ¡Y únete a los cantos!

....

Gracias por perdonarme siempre cuando me equivoco, Señor.
¡Llévame a cantar contigo!

DIOS ACALLA LAS OLAS QUE GOLPEAN

Fielmente respondes a nuestras oraciones con imponentes obras,
oh Dios nuestro salvador. Eres la esperanza de todos los que
habitan la tierra [...]. Con tu poder formaste las montañas
y te armaste de una fuerza poderosa. Calmaste los océanos
enfurecidos, con sus impetuosas olas.
SALMOS 65.5–7 NTV

Puede que tengas algunas preocupaciones que están profundamente arraigadas. Son antiguas y tienen mucho poder, e impiden que te liberes fácilmente de ellas. Es entonces cuando tienes que extender la mano más de una vez (tal vez varias veces) y clamar a Dios, el Señor de los hechos increíbles.

Dios no solo ha formado todo lo que ves a tu alrededor, incluida tú, sino todo lo que hay más allá de ti en este mundo y en el siguiente. Él es un ser sobrenatural con más poder del que puedas imaginar. Confía en él para calmar esas olas de preocupaciones en tu interior, para evitar que golpeen tu espíritu interior, para extinguirlas por completo.

Tú ora, y Dios responderá con fidelidad y con hechos asombrosos.

Señor, libérame del poder de esta preocupación...
Mi esperanza está solo en ti.

CONSTRUIR ESPERANZA

*Que Dios, que da esperanza, los llene de alegría y paz
a ustedes que tienen fe en él, y les dé abundante esperanza
por el poder del Espíritu Santo.*
ROMANOS 15.13 DHH

El diccionario define *esperanza* como «la sensación de que se puede tener lo que se desea o de que los acontecimientos resultarán para bien» o «los motivos de esta sensación en un caso particular». Es una cualidad que conviene mucho adquirir, ya que parece que la esperanza evitará de manera natural la preocupación.

Haz que tu objetivo sea construir tu esperanza en Dios. Busca en la Biblia versículos sobre la esperanza. Memorízalos, tal vez comenzando con el texto de hoy. O tal vez con Salmos 42.5 (RVR1960): «¿Por qué te abates, oh alma mía, y te turbas dentro de mí? Espera en Dios; porque aún he de alabarle, salvación mía y Dios mío».

Recuerda que eres la hija del Rey, el Señor, el Creador que tiene «planes de bienestar y no de calamidad, a fin de darles un futuro y una esperanza» (Jeremías 29.11 NVI).

....

*Dios de la esperanza, ¡lléname con tu alegría y paz
para que rebose de esperanza!*

FUERA DEL POZO

Tú escuchas mi voz, y no dejas de atender a mis ruegos.
El día que te llamo, vienes a mí, y me dices:
«No tengas miedo».
LAMENTACIONES 3.56–57 DHH

Cuando tus preocupaciones te hacen sentir como si estuvieras en el fondo de un pozo oscuro, tu camino de regreso a la luz es clamar desde las profundidades. Llama a Dios por uno de los muchos nombres que describen su carácter y que se ajustan a tu necesidad: Dios Todopoderoso, Defensor, Torre Fuerte, el Dios que vela por mí, Refugio, Escudo, el Señor mi Roca, el Señor de la Luz.

Has de saber que Dios te escuchará y atenderá a todo lo que digas. Él te sacará de las profundidades de la oscuridad y te llevará a su luz. Él se acercará a ti y escucharás sus palabras de aliento: «Todo va a salir bien».

....

Señor de la Luz y la Vida, ¡libérame de este
pozo de preocupación! ¡Acércate cuando te llame!

DIOS PLANEA EL BIEN

Es verdad que ustedes pensaron hacerme mal, pero Dios
transformó ese mal en bien para lograr lo que hoy estamos
viendo: salvar la vida de mucha gente.
GÉNESIS 50.20 NVI

José era el hijo predilecto de su padre, Jacob. Un día, por
celos, los hermanos de José lo arrojaron a un pozo y lo ven-
dieron a unos mercaderes. Fue comprado por un oficial del
faraón de Egipto, fue acusado injustamente de violación y fue
arrojado a un calabozo. Sin embargo, a través de todas estas
cosas, José nunca se preocupó, sino que confió en Dios. No
le importaba lo que pasara o dónde acabara, «el SEÑOR estaba
con José y las cosas le salían muy bien» (Génesis 39.2 NVI).
Con el tiempo, José se convirtió en el segundo al mando en
Egipto. Como tal, pudo salvar a su familia.

Aunque estés pasando por momentos difíciles, no te preocupes. Confía en que Dios tiene un propósito para ti. No
importa lo que pase, ten fe en que Dios está planeando algo
bueno para salir de la situación. Y tú también tendrás éxito.

....

Gracias, Señor, por amarme. Confío en tus propósitos,
sé que estás planeando algo bueno.

LA MUJER QUE EDIFICA SU HOGAR

La mujer sabia edifica su hogar, pero la necia
con sus propias manos lo destruye.
PROVERBIOS 14.1 NTV

La angustia tiene un efecto dominó. Si empiezas a inquietarte por algo que te ha llamado la atención y luego expresas tu temor o te asustas, es probable que los demás a tu alrededor caigan en la misma situación. Todos en tu casa, iglesia o lugar de trabajo se vendrán abajo.

Es mejor ser una mujer sabia que edifica su hogar y a sus compañeros de viaje con una vida constante de oración y ánimo, así como con una fe evidente en Dios. Cuando las preocupaciones entren en tu pensamiento, busca el rostro de Jesús inmediatamente. Pídele que se haga cargo de tus problemas mientras tú recibes su paz. Confía en que él te ayudará a salir adelante, sin importar lo que tengas por delante o por detrás. Entonces estarás en posición de ayudar a los demás a superar sus propias preocupaciones, sobre todo estando en calma, escuchando, animándolos cuando lo necesiten y dando consejos sabios cuando los pidan.

Señor, ayúdame a ser una mujer sabia, que edifica
su hogar, entregándote mis preocupaciones y asumiendo tu paz.

BUENAS INTENCIONES

*Huye, pues, de las pasiones juveniles y sigue la justicia,
la fe, el amor y la paz, con los que invocan al Señor
con un corazón puro.*
2 TIMOTEO 2.22 LBLA

Establecer tus objetivos o intenciones para la jornada (o para tu vida) antes de que tus pies toquen el suelo puede evitar que te deslices con facilidad hacia la preocupación. Por lo tanto, *puedes* intentar no preocuparte. Pero, en lugar de ir con una intención negativa, ¿por qué no establecer una intención positiva que no deje espacio para la preocupación? Considera lo que el apóstol Pablo le aconseja a Timoteo: «sigue» el camino de Dios, sigue «la fe, el amor y la paz». ¡Ahí no hay preocupaciones!

Hoy, antes de levantarte de tu cama, asegúrate de que tu intención es vivir correctamente, como Dios quiere que vivas. Decídete a buscar la fe, el amor y la paz, y la preocupación dejará su lugar.

Las intenciones que estableces suelen cumplirse.

....

*Hoy, Señor, mi intención es seguir la fe,
el amor y la paz contigo a mi lado.*

TU GUÍA Y GUARDIÁN

Él lo encontró en un desierto, en un páramo vacío y ventoso.
Lo rodeó y lo cuidó; lo protegió como a sus propios ojos.
Como un águila que aviva a sus polluelos y revolotea
sobre sus crías, así desplegó sus alas para tomarlo
y alzarlo y llevarlo a salvo sobre sus plumas.
DEUTERONOMIO 32.10–11 NTV

A veces puedes sentirte como si estuvieras sola en un desierto, perdida y desprotegida, con el viento aullando a tu alrededor. Te preocupa ser demasiado vulnerable, que no haya nadie que pueda ayudarte.

Descansa tranquila. Dios está contigo. Está a tu alrededor, cuidando de ti. Te está protegiendo como si fueras la niña de sus ojos. Sabe lo frágil que puedes ser y promete protegerte. Como un águila, está extendiendo sus alas sobre ti. Él te llevará y cargará contigo, conduciéndote a un lugar mejor donde sus promesas anularán tus preocupaciones.

....

Gracias, Señor, por venir a buscarme donde estoy.
Protégeme como proteges a tus propios ojos.
Llévame a tu tierra prometida.

TU MEJOR DEFENSA

El Señor es mi roca, mi baluarte y mi libertador;
mi Dios, mi roca en quien me refugio; mi escudo
y el cuerno de mi salvación, mi altura inexpugnable.
SALMOS 18.2 LBLA

Si buscas una defensa contra la preocupación, no busques más allá de tu Señor. Eso es lo que hizo David, y se convirtió en la niña de los ojos de Dios (ver Salmos 17.8 RVR1960) ¡incluso después de cometer algunos errores bastante graves!

En el salmo 18, David comienza diciendo a Dios cuánto lo ama (ver v. 1). Luego describe lo que Dios es para él: su Roca, Baluarte, Libertador, Refugio, Escudo, Cuerno (poder) y Altura inexpugnable. Luego, canta: «Invoco al SEÑOR, que es digno de ser alabado, y soy salvo de mis enemigos» (Salmos 18.3 LBLA).

Cuando no puedes controlar la intranquilidad, que te impide hacer lo que Dios quiere que hagas, cántale una canción de alabanza. Recuerda quién es él, ¡y te salvará!

....

¡Mi roca y libertador, sálvame de mis preocupaciones
mientras te canto una canción de alabanza!

BENDECIDA DE MANERAS ASOMBROSAS

Dios puede darles a ustedes con abundancia
toda clase de bendiciones, para que tengan siempre
todo lo necesario y además les sobre para ayudar
en toda clase de buenas obras.
2 Corintios 9.8 dhh

George Müller dirigió un orfanato en Inglaterra en el siglo diecinueve. Una mañana, no había dinero y los tazones de desayuno de los niños estaban vacíos. Mientras los niños estaban de pie, esperando su comida, Müller oró: «Padre amado, te agradecemos lo que nos vas a dar de comer».

Entonces un panadero, movido por Dios, llamó a la puerta. Sus brazos estaban cargados de pan para los niños. Tras él llegó un lechero cuyo carro se había roto frente al orfanato. Quería darles a los niños latas de leche para poder vaciar y reparar su carro.

Dios sabe y tiene lo que necesitas. Transforma tus preocupaciones por la necesidad para que sean oraciones por provisión, y serás bendecida «con abundancia».

....

Señor, bendíceme con abundancia
para que yo pueda bendecir a otros.

BENDICIÓN DEL REINO DE LOS CIELOS

*Pero, aun si sufren por hacer lo correcto, Dios va a
recompensarlos. Así que no se preocupen ni tengan miedo
a las amenazas. En cambio, adoren a Cristo
como el Señor de su vida.*
1 PEDRO 3.14–15 NTV

El versículo de hoy, que afirma que no hay que preocuparse
ni tener miedo cuando estamos amenazados, lo escribió el
discípulo Pedro, que estaba preocupado y asustado cuando
Jesús fue arrestado. De hecho, llegó a negar incluso que co-
nocía a Jesús. Pero al final Pedro estaba más entregado a Jesús
que nunca.

Jesús no te ha prometido una vida sin problemas, pero
sí te promete su paz y recompensa si te mantienes cerca de él,
haciendo lo correcto.

Cuando te sientas amenazada por lo que los demás dicen
y hacen mientras tú vives para Jesús, mantenlo a él y a sus
palabras en tu corazón y en tu mente. Adora en vez de preocuparte, segura de tu recompensa y de la bendición divina del
reino de los cielos (ver Mateo 5.10).

....

*Contigo como mi Señor y fortaleza, no tengo que temer
ni preocuparme por las palabras de los demás.
Gracias, Señor, por bendecirme mientras te sigo.*

¡ARRIBA EL ÁNIMO, MUJER!

*Fortalezcan a los débiles, den valor a los cansados,
digan a los tímidos: «¡Ánimo, no tengan miedo!
¡Aquí está su Dios para salvarlos, y a sus enemigos
los castigará como merecen!».*
ISAÍAS 35.3–4 DHH

Es bueno tener memorizados algunos versículos de la Biblia, a los que puedes acudir en momentos de inquietud, estrés, miedo o crisis. Isaías 35.3–4 contiene dos de estos versículos. Encuentra una versión de la Biblia que realmente te hable al corazón. Luego usa estos versículos cuando empieces a sentirte con ansiedad, cuando tus manos estén débiles y tus rodillas estén a punto de flaquear.

Di las palabras de Isaías en tu alma para fortalecer tu cuerpo, mente y espíritu, parafraseándolas si es necesario. Dite a ti misma: «Anímate, mujer. Sé valiente. Anímate. Dios está aquí contigo. Él va a arreglar las cosas. Viene de camino para salvarte».

Recuerda, Jesús es tu Emanuel, que significa «Dios con nosotros» (ver Mateo 1.23). ¡Así que no te asustes, ora!

. . . .

*¡Gracias a Dios que estás conmigo, Jesús!
¡Contigo en mi camino, sé que arreglarás las cosas!*

NO SERÁS SACUDIDA

Bendeciré al Señor, quien me guía; aun de noche
mi corazón me enseña. Sé que el Señor
siempre está conmigo. No seré sacudido,
porque él está aquí a mi lado.
SALMOS 16.7–8 NTV

En estos días, muchos negocios están abiertos todas las horas al día todos los días. Pero Dios ha estado abierto y disponible para su pueblo día y noche desde que lo creó.

Así que, si tienes al todopoderoso Creador constantemente a tu lado, guiándote de día y aconsejándote de noche, ¿por qué ibas a preocuparte?

Mira las cosas desde la perspectiva eterna de Dios. Tus días son como un momento para él. Así que vive la vida al máximo sin preocupaciones, miedos ni ansiedades que te distraigan o que te alejen de la alegría y la paz que tienes en Cristo.

Dios está contigo. No serás sacudida. Deja que tu espíritu se mueva al ritmo de Dios, lleno de valentía, paz y alegría, todos los días de tu vida.

Te bendigo, Señor, por guiarme, enseñarme y estar siempre conmigo. ¡No voy a ser sacudida porque tú estás a mi lado!

EN COOPERACIÓN CON DIOS

Y sabemos que para los que aman a Dios,
todas las cosas cooperan para bien, esto es,
para los que son llamados conforme a su propósito.
ROMANOS 8.28 LBLA

Romanos 8.28 dice que todo lo que sucede en tu vida, ya sea bueno o malo, dentro o fuera de tu control, sucede por una razón y de acuerdo con el plan de Dios, y que él hará que todo sea para tu bien.

Esto puede ser difícil de aceptar a veces, pero no por ello deja de ser cierto. Después de todo, fue así para José, a quien sus seres queridos metieron en un pozo, y luego fue vendido como esclavo, puesto en un calabozo, y sin embargo ¡terminó siendo el segundo al mando en Egipto!

En lugar de preocuparte por lo que pueda o no pueda suceder, descansa en la seguridad de que no importa lo que pase, Dios lo resolverá para bien. Recuerda, Dios puede hacer cualquier cosa. ¿Qué tienes que hacer tú? Confiar en él.

....

Señor, contigo como mi compañero, sé que todas las cosas
obrarán para bien. ¡Apuesto mi fe!

EN MANOS DE DIOS

*Dios es nuestro refugio y nuestra fuerza; siempre está dispuesto
a ayudar en tiempos de dificultad. Por lo tanto, no temeremos
cuando vengan terremotos y las montañas se derrumben en el
mar. ¡Que rujan los océanos y hagan espuma! ¡Que tiemblen las
montañas mientras suben las aguas!*
SALMOS 46.1–3 NTV

A veces puede parecer que tu mundo se está desmoronando,
literalmente. El clima se está volviendo loco; los glaciares
se están derritiendo, los volcanes están en erupción, las ciu-
dades se están inundando, los bosques se están quemando...
Es suficiente para que cualquier mujer normal se preocupe.

Sin embargo, como eres una hija del Dios Altísimo, no
tienes que estar ansiosa ni temer nada porque puedes acudir a
Dios en busca de refugio. En él encontrarás toda la fuerza y la
ayuda que necesites para superar cualquier cosa.

Así que descansa en paz. Ora a Dios. Dile que sabes que
él tiene el control y que sea como sea todo irá bien. No necesitas saber los detalles. Deja en sus manos los detalles y todo
lo demás que tienes en tu pensamiento.

---

*Gracias, Señor, por estar siempre ahí, listo para protegerme,
fortalecerme y ayudarme. Gracias a ti tengo paz y valentía.*

ATRAÍDA POR LAS PROMESAS

Así pues, queridos hermanos, estas son las promesas
que tenemos. Por eso debemos mantenernos limpios
de todo lo que pueda mancharnos, tanto en el cuerpo
como en el espíritu; y en el temor de Dios
procuremos alcanzar una completa santidad.
2 CORINTIOS 7.1 DHH

Dios tiene un plan para tu vida. Quiere que vivas para él, que confíes en él, que bases tus palabras y acciones en sus promesas, que esperes que todas las cosas resulten en algo bueno.

Dios quiere que tú, su querida hija, estés fuerte y en buen estado. Para ello, necesitas saber que «Un corazón apacible es vida para el cuerpo, mas las pasiones son podredumbre de los huesos» (Proverbios 14.30 LBLA).

Por agradar a Dios y por tu propia salud y bienestar, rompe con las preocupaciones que te distraen. Acude a Dios, confiándole tus inquietudes. Profundiza en sus promesas, créelas y hazlas tuyas. Vive en la realidad de Dios y estarás viviendo la vida que él soñó para ti.

Ayúdame a ser un templo adecuado para ti, Señor.
Concédeme la mente tranquila que anhelo en ti.

ÍNDICE DE CITAS BÍBLICAS